A Dream of
Red Mansions

中国名著简读系列
Abridged Chinese Classic Series

[清] 曹雪芹　原　著
史　迹　邵秋霞　主　编
任显楷　陈　越　副主编
陈恺熙　李　裴　王文理　陶梦然　马　郡　董　韵　编　写

SinolinguA
华语教学出版社

First Edition 2019
Fifth Printing 2025

ISBN 978-7-5138-1607-6
Copyright 2019 by Sinolingua Co., Ltd
Published by Sinolingua Co., Ltd
24 Baiwanzhuang Street, Beijing 100037, China
Tel: (86) 10-68320585 68997826
Fax: (86) 10-68997826 68326333
http://www.sinolingua.com.cn
E-mail: hyjx@sinolingua.com.cn
Printed by Wangdu Tianyu Star Book and Periodical Printing Co., Ltd

Printed in the People's Republic of China

目录
Contents

IV

前　言

　　《红楼梦》是中国清朝小说家曹雪芹撰写的文学经典，是中国四大名著之一。全书共一百二十回，九十余万字，以贾宝玉、林黛玉、薛宝钗的爱情婚姻悲剧及大观园中点滴琐事为主线，描述了贾、史、王、薛四大封建贵族由鼎盛走向衰亡的历程。

　　本书是《红楼梦》的中文简读本，精选了"凤姐掌管宁国府""元妃省亲""宝黛共读西厢""刘姥姥进大观园"等20个经典故事，每个故事的字数控制在3000字以下，语言难度控制在HSK五级2500词以内，以便能让各国汉语学习者能够用有限的词汇阅读《红楼梦》的经典故事，提高汉语阅读能力。

　　本书的每个故事由四部分组成：

　　1. 英文导读。使读者在阅读故事之前有一个阅读方向。

　　2. 故事正文。每篇故事参照新汉语水平考试（HSK）

词汇表（2012 年修订版）5 级 2500 词进行缩写，对超出新 HSK 2500 词以外的生词采用英文注释，并给出例句。为增加读者的词汇量，英文注释的生词尽可能地在故事中反复出现。故事正文配有拼音，方便读者认读及查阅词典。

3. 词语注释。每个故事后面附有文化词语的中文解释与英文翻译，其目的是结合故事语境对一些富有文化内涵的词语做具体的解释，使读者能够深入理解故事和词语的文化语境。

4. 思考题。每个故事后面设计了 3 至 5 个思考题，帮助读者对故事的主要内容进行思考，或者在课堂上进行讨论。

本书适合汉语水平达到 HSK5 级的汉语学习者使用，可作为课堂的汉语阅读教材，也可作为课外的汉语泛读材料。

本书在编写过程中得到了各方人士的关心和支持。本编写组非常感谢西南交通大学外语学院领导和华语教学出版社的大力支持；感谢华语教学出版社刘小琳编辑

提出的宝贵意见；感谢西南交通大学留学生对本书提出
的宝贵意见；感谢以不同方式直接或间接给予我们热情
帮助的所有朋友们。对书中的不足之处，真诚希望广大
读者不吝赐教。

史　迹

《红楼梦》人物关系简图

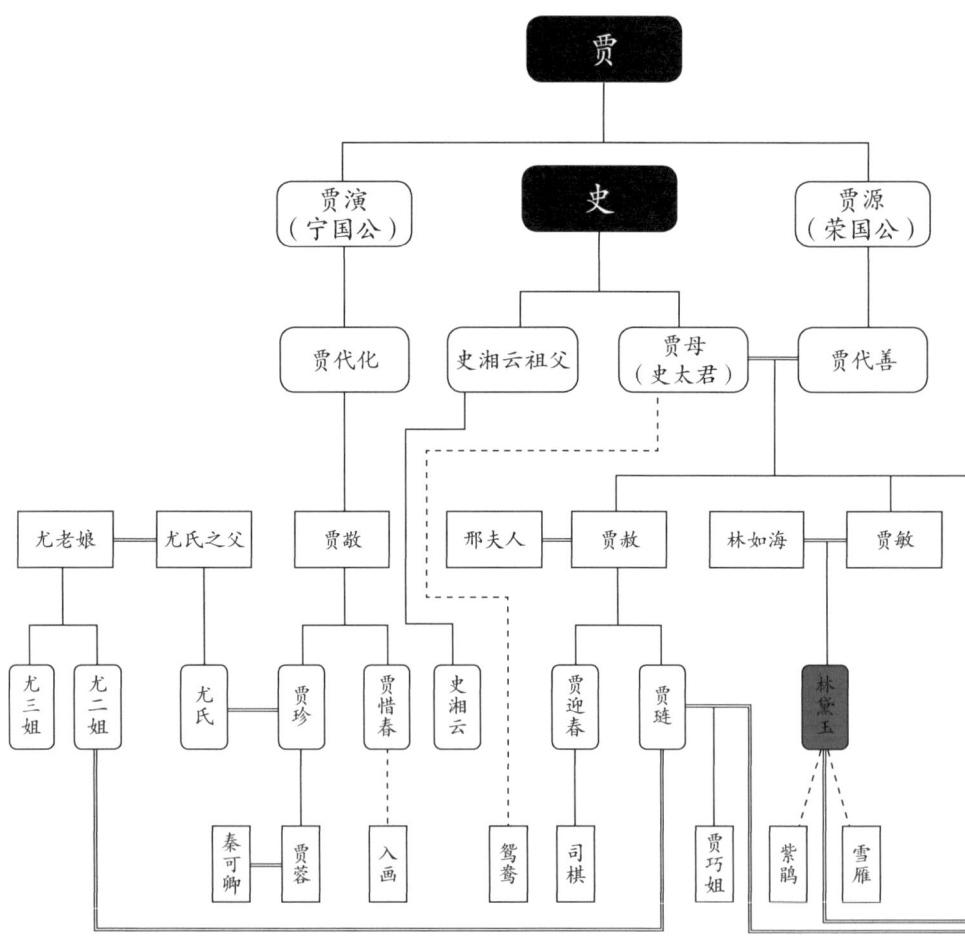

——————— 亲子关系

═══════ 夫妇·恋人关系

---------- 主仆关系

贾

贾演（宁国公）　　　史　　　贾源（荣国公）

贾代化　　史湘云祖父　　贾母（史太君）　　贾代善

尤老娘　尤氏之父　贾敬　　邢夫人　贾赦　　林如海　贾敏

尤三姐　尤二姐　尤氏　贾珍　贾惜春　史湘云　贾迎春　贾琏　林黛玉

秦可卿　贾蓉　入画　鸳鸯　司棋　贾巧姐　紫鹃　雪雁

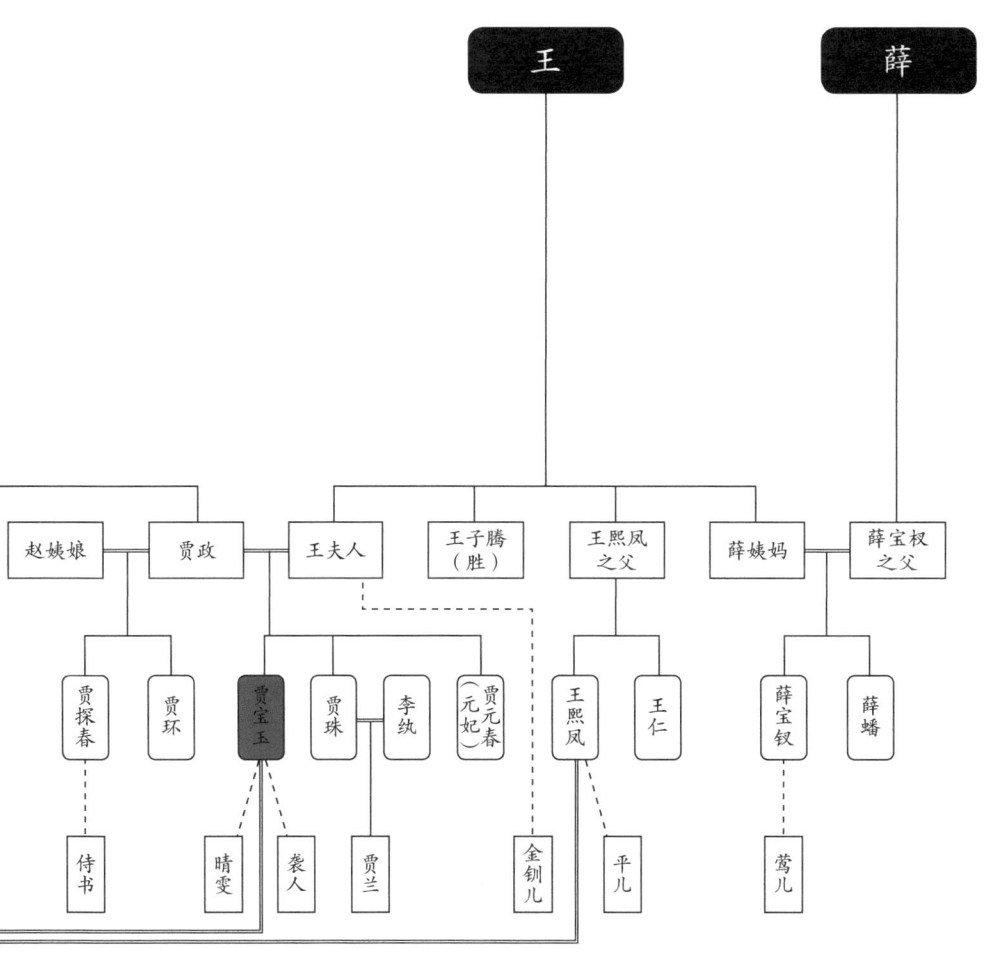

一、宝玉的来历和贾府

Yī, Bǎoyù de láilì hé Jiǎ Fǔ

Guide to reading:

A Dream of Red Mansions is one of the four Chinese literary classics. The original name of the novel was *The Story of the Stone* (《石头记》). The story begins with two legends. One is the legend of a stone, a piece of jade (玉) , and the other tells of the lives of two celestial beings. These legends, infused with magic, act as foreshadowing for the tragic, predestined story of love between two central characters in the novel: Jia Baoyu (贾宝玉) and Lin Daiyu (林黛玉).

In the novel, the Jia family is a feudal clan with several generations living together under one roof. The relationships and interactions between the characters are complex. Jade (玉) symbolizes blessings in China. As the story unfolds, Jia Baoyu, the protagonist, is born with a piece of jade in his mouth, which foretells his unusual and eventful life story. This jade is the source of his name: Baoyu (precious jade). Baoyu is smart, but, in contradiction to the common values of the time, he claims that women are superior to men. Nonetheless, he is the favourite child of the whole family. His grandmother (贾母, Grandma Jia) loves him to the extent of spoiling him.

故事正文 Story

Cóngqián, yǒu yí zuò shān jiào Qīnggěng Fēng, Qīnggěng
从 前，有一座山叫青埂峰，青埂
Fēng xiàmiàn yǒu yí kuài shítou. Chuánshuō, zhè kuài shítou
峰 下面有一块石头。传 说，这块石头
shì Nǚwā bǔ tiān shí shèngxià de, bèi rēng zàile Qīnggěng
是女娲补天[1]时剩下的，被扔在了青埂
Fēng. Yì tiān, yí wèi sēngrén hé yí wèi dàoshi jīngguò
峰。一天，一位僧人①和一位道士②经过
zhè kuài shítou, tándàole rénjiān de shìqing. Zhè kuài
这 块 石头，谈到了人间③的事情。这块
shítou tīngjiàn le, jiù biànchéng yí kuài yùshí, qǐngqiú
石头听见了，就 变 成一块玉石④，请求
sēngrén hé dàoshi jiāng tā dàidào rénjiān. Zhè kuài yùshí jiù
僧人和道士将它带到人间。这 块玉石就
shì《 Hónglóumèng 》 gùshi li Jiǎ Bǎoyù chūshēng shí zuǐ li
是《红楼梦》故事里贾宝玉出 生时嘴里
hán de yùshí.
含的玉石。
　　Rénmen chuánshuō, tiānshang yǒu yí wèi xiānrén hé yì
　　人们 传 说，天上有一位仙人⑤和一
kē xiāncǎo. Xiānrén jiào Shényīng Shìzhě, xiāncǎo jiào Jiàngzhū
棵仙草⑥。仙人叫 神 瑛侍者，仙草叫绛珠
Xiāncǎo. Shényīng Shìzhě měi tiān dōu gěi Jiàngzhū Xiāncǎo jiāo
仙草。神 瑛 侍者每天都给绛珠仙草浇
shuǐ, shǐ Jiàngzhū Xiāncǎo biànchéngle xiānnǚ. Jiàngzhū
水，使绛珠仙草变 成了仙女⑦。绛珠
Xiānnǚ xiǎng bàodá Shényīng Shìzhě de ēnqíng, shuō:" Tā
仙女 想 报答⑧神 瑛侍者的恩情⑨，说:"他
wèi wǒ jiāo shuǐ, wǒ què méiyǒu shuǐ kěyǐ bàodá tā, zhǐ néng
为我浇水，我却没有水可以报答他，只能
yòng wǒ yìshēng de yǎnlèi bàodá." Hòulái, Shényīng Shìzhě
用我一生⑩的眼泪报答。"后来，神 瑛 侍者

①僧人 n. Buddhist monk
e.g. 僧人住在寺庙里面。
②道士 n. Daoist priest
e.g. 道士在山里过着简
单的生活。
③人间 n. the human
world
e.g. 这部小说讲的是人
间的故事。
④玉石 n. a piece of jade
e.g. 这块玉石很漂亮，
可以用来做艺术品。
⑤仙人 n. immortal;
celestial being
e.g. 仙人生活在天上。
⑥仙草 n. celestial grass
e.g. 仙草是人们想象
的。
⑦仙女 n. fairy maiden
e.g. 这位仙女既漂亮又
善良。
⑧报答 v. repay; requite
e.g. 我要报答帮助过我
的人。
⑨恩情 n. kindness; favour
e.g. 我们要报答父母的
恩情。
⑩一生 n. a whole lifetime
e.g. 他一生都想念着他
的初恋。

biànchéng Jiǎ Bǎoyù cóng tiānshang láidào rénjiān, Jiàngzhū Xiān
变成贾宝玉从天上来到人间，绛珠仙

nǚ yě biànchéngle Lín Dàiyù láidào rénjiān.
女也变成了林黛玉来到人间。

Jǐbǎi nián zhīhòu, yí wèi dàoshi jīngguò Qīnggěng
几百年之后，一位道士经过青埂

Fēng, kànjiàn zhè kuài yùshí shang kèzhe rénjiān de jīnglì hé
峰，看见这块玉石上刻着人间的经历和

gùshi, jiù bǎ zhèxiē gùshi xiěchéngle yì běn shū, jiào
故事，就把这些故事写成了一本书，叫

《 Shítou Jì 》, yě jiù shì Zhōngguó zhùmíng de gǔdiǎn
《石头记》，也就是中国著名的古典①

xiǎoshuō 《 Hónglóumèng 》. Zhè běn shū jiǎngle Jiǎ, Shǐ,
小说《红楼梦》。这本书讲了贾、史、

Wáng, Xuē sìdà jiāzú de gùshi. Jiǎ jiā shì sìdà
王、薛四大家族②的故事。贾家是四大

jiāzú de zhǔyào jiāzú.
家族的主要家族。

Jīnlíng shì gǔdài de yí zuò chéng. Chéng li yǒu yì tiáo
金陵是古代的一座城。城里有一条

jiē. Jiē shang yǒu liǎng zuò hěn dà de zháiyuàn, jiēdào
街。街上有两座很大的宅院③，街道

dōngmiàn shì Níngguó Fǔ de zháiyuàn, jiēdào xīmiàn shì
东面是宁国府的宅院，街道西面是

Róngguó Fǔ de zháiyuàn. Níngguó Fǔ hé Róngguó Fǔ dōu yǒu
荣国府的宅院。宁国府和荣国府都有

wéiqiáng, wéiqiáng li de fángzi, chángláng, tíngzi
围墙④，围墙里的房子、长廊⑤、亭子⑥

dōu yǒu Zhōngguó chuántǒng jiànzhù de tèdiǎn, fēicháng
都有中国传统建筑的特点，非常

piàoliang. Níngguó Fǔ hé Róngguó Fǔ dōu xìng Jiǎ, shì yí gè
漂亮。宁国府和荣国府都姓贾，是一个

dà jiāzú. Níngguó Fǔ de zhǔrén shì Níngguógōng, Róngguó
大家族。宁国府的主人是宁国公，荣国

①古典 *adj.* classical
e.g. 她是个古典美女。
②家族 *n.* family; clan
e.g. 他出生在一个大家族里，有很多亲戚。
③宅院 *n.* residence; dwelling; house
e.g. 地主住在宅院里。
④围墙 *n.* enclosing walls
e.g. 小偷翻过围墙逃走了。
⑤长廊 *n.* long covered corridor; long hallway
e.g. 我们沿着长廊边走边谈。
⑥亭子 *n.* pavilion
e.g. 亭子里面坐着一个老人。

Fǔ de zhǔrén shì Róngguógōng . Níngguógōng hé Róngguógōng
府 的 主人 是 荣 国 公 。 宁 国 公 和 荣 国 公

shì xiōngdì , Níngguógōng shì gēge , Róngguógōng shì dìdi .
是 兄弟 , 宁 国 公 是 哥哥 , 荣 国 公 是 弟弟。

《 Hónglóumèng 》 gùshi zhōng de Níngguó Fǔ hé Róngguó Fǔ yě
《 红 楼 梦 》 故事 中 的 宁 国 府 和 荣 国 府 也

bèi héchēng wéi Jiǎ Fǔ . Níngguógōng hé Róngguógōng dōu zài
被 合 称 为 贾府。 宁 国 公 和 荣 国 公 都 在

cháotíng① dānrèn zhòngyào guānzhí② .
朝 廷 ① 担任 重 要 官职② 。

Níngguógōng shēngle sì gè érzi . Dà'érzi jiào Jiǎ
宁 国 公 生 了 四 个 儿子。 大 儿子 叫 贾

Dàihuà , jìchéngle fùqin de guānzhí . Jiǎ Dàihuà yǒu liǎng
代化, 继承③ 了 父亲 的 官职。 贾 代 化 有 两

gè érzi , Dà'érzi hěn xiǎo de shíhou jiù sǐ le , zhǐ
个 儿子 , 大 儿子 很 小 的 时 候 就 死 了 , 只

shèngxiàle xiǎo'érzi jiào Jiǎ Jìng . Jiǎ Jìng zhǐ ài liàndān ,
剩 下 了 小 儿子 叫 贾 敬。 贾 敬 只 爱 炼丹 [2],

yìxīn xiǎng chéngwéi shénxian , qítā de shìqing dōu bù
一心 想 成 为 神 仙④, 其他 的 事情 都 不

guānxīn . Jiǎ Jìng yǒu yí gè érzi jiào Jiǎ Zhēn , Jiǎ Zhēn
关 心 。 贾 敬 有 一 个 儿子 叫 贾 珍 , 贾 珍

jìchéngle fùqin de guānzhí . Níngguógōng , Jiǎ Dàihuà dōu
继承 了 父亲 的 官职。 宁 国 公 、 贾 代 化 都

yǐjīng qùshì le , Jiǎ Zhēn chéngwéi Níngguó Fǔ de nán
已 经 去世 了 , 贾 珍 成 为 宁 国 府 的 男

zhǔrén . Jiǎ Zhēn yǒu yí gè érzi , jiào Jiǎ Róng .
主人。 贾 珍 有 一 个 儿子 , 叫 贾 蓉 。

Róngguógōng de dà'érzi jiào Jiǎ Dàishàn , zài cháotíng
荣 国 公 的 大 儿子 叫 贾 代 善 , 在 朝 廷

dānrèn guānzhí . Jiǎ Dàishàn qǔ de shì Jīnlíng Chéng Shǐ jiā
担任 官职。 贾 代 善 娶⑤ 的 是 金 陵 城 史 家

de xiǎojiě . Jiǎ Dàishàn yǐjīng qùshì le , tā de fūrén hái
的 小 姐。 贾 代 善 已 经 去世 了 , 他 的 夫 人⑥ 还

①朝廷 *n.* royal or imperial court
e.g. 贾宝玉的爷爷以前在朝廷当官。

②官职 *n.* official position
e.g. 他的官职没了，车也没了。

③继承 *v.* inherit; carry on
e.g. 父亲去世后，他就继承了全部遗产。

④神仙 *n.* celestial being
e.g. 神仙可以长生不老。

⑤娶 *v.* marry a (woman)
e.g. 他娶了他的高中女同学。

⑥夫人 *n.* one's wife; lady
e.g. 他的夫人长得很漂亮。

huózhe , jiù shì gùshi zhōng de Shǐ lǎofūrén , yě bèi
活着，就是故事中的史老夫人，也被

chēngwéi Shǐ tàijūn , Jiǎ mǔ . Jiǎ mǔ shēngle liǎng gè érzi
称为史太君、贾母。贾母生了两个儿子

hé yí gè nǚ'ér . Dà'érzi jiào Jiǎ Shè , xiǎo'érzi jiào Jiǎ
和一个女儿。大儿子叫贾赦，小儿子叫贾

Zhèng . Róngguógōng hé Jiǎ Dàishàn dōu yǐjīng qùshì le ,
政。荣国公和贾代善都已经去世了，

Jiǎ Shè hé Jiǎ Zhèng chéngwéile Róngguó Fǔ de nán zhǔrén . Jiǎ
贾赦和贾政成为了荣国府的男主人。贾

mǔ de nǚ'ér jiào Jiǎ Mǐn , yǐjīng jiéhūn , nǚxu jiào Lín
母的女儿叫贾敏，已经结婚，女婿①叫林

Rúhǎi . Nǚ'ér hé nǚxu zhù zài wàidì .
如海。女儿和女婿住在外地。

Jiǎ Zhèng de fūrén shì Wáng shì , yě jiù shì gùshi
贾政的夫人是王氏，也就是故事

zhōng de Wáng fūrén . Wáng fūrén shēng de dì-yī gè érzi
中的王夫人。王夫人生的第一个儿子

Jiǎ zhū zài hěn niánqīng de shíhou jiù sǐ le . Wáng fūrén hái
贾珠在很年轻的时候就死了。王夫人还

shēngle yí gè nǚ'ér jiào Yuánchūn . Jǐ nián zhīhòu , Wáng
生了一个女儿叫元春。几年之后，王

fūrén yòu shēngle yí gè érzi . Yí jiàn shénqí de shìqing
夫人又生了一个儿子。一件神奇②的事情

fāshēng le : zhè gè háizi zài chūshēng de shíhou zuǐ li hánzhe
发生了：这个孩子在出生的时候嘴里含着

yí kuài měilì de yùshí , shàngmiàn hái kèyǒu xǔduō zì .
一块美丽的玉石，上面还刻有许多字。

Yúshì dàjiā jiù gěi tā qǔle yí gè míngzi jiào Bǎoyù , tā
于是大家就给他取了一个名字叫宝玉，他

jiù shì gùshi zhōng de Jiǎ Bǎoyù .
就是故事中的贾宝玉。

①女婿 *n.* son-in-law
e.g. 女婿第一次上门，准备带什么礼物好呢？
②神奇 *adj.* magical; mystical
e.g. 你是怎么做到的，太神奇了！

Bǎoyù mǎn yí suì de shíhou, Bǎoyù de fùqin Jiǎ Zhèng
宝玉满一岁的时候，宝玉的父亲贾政
lǎoye xiǎng kànkan Bǎoyù jiānglái de zhìxiàng, zài tā miànqián
老爷想看看宝玉将来的志向①，在他面前
bǎile hěn duō dōngxi, kàn tā yào zhuā shénme, yě jiù shì
摆了很多东西，看他要抓什么，也就是
rénmen jīngcháng shuō de zhuāzhōu. Bǎoyù bié de dōngxi dōu
人们经常说的抓周[3]。宝玉别的东西都
bù ná, zhǐ zhuāle yānzhi, shǒuzhuó děng nǚháizi de
不拿，只抓了胭脂②、手镯③等女孩子的
dōngxi. Jiǎ Zhèng lǎoye shuō Bǎoyù méiyǒu zhìxiàng, jiānglái
东西。贾政老爷说宝玉没有志向，将来
bù néng chéngwéi yǒuyòng de rén, yīncǐ bù xǐhuan tā.
不能成为有用的人，因此不喜欢他。
Dànshì Jiǎ mǔ háishi bǎ Bǎoyù dàngchéng xīngān-bǎobèi.
但是贾母还是把宝玉当成心肝宝贝④。
Bǎoyù fēicháng táoqì, yě shífēn cōngmíng, yìbǎi gè
宝玉非常淘气，也十分聪明，一百个
xiǎoháir yě bǐbushàng tā yí gè. Yǒu yí cì, Bǎoyù shuō:
小孩儿也比不上他一个。有一次，宝玉说:
"Nǚrén shì shuǐ zuò de, nánrén shì ní zuò de. Wǒ kànjiàn
"女人是水做的，男人是泥⑤做的。我看见
nǚrén jiù gǎnjué shūfu, jiànle nánrén jiù juéde hěn
女人就感觉舒服，见了男人就觉得很
nánshòu." Dàjiā tīngle gǎndào hěn jīngyà.
难受。"大家听了感到很惊讶⑥。
Jiǎ Fǔ yígòng yǒu sì gè nǚ'ér, Jiǎ Zhèng lǎoye de
贾府一共有四个女儿，贾政老爷的
dànǚ'ér jiào Yuánchūn, shì dàxiǎojiě, bèi xuǎnrùle
大女儿叫元春，是大小姐，被选入了
huánggōng zuò fēizi. Yuánchūn shì Jiǎ Zhèng de
皇宫⑦做妃子⑧。元春是贾政的

①志向 n. aspiration
e.g. 他父亲希望他有一个远大的志向。
②胭脂 n. rouge
e.g. 因为要表演节目，她在脸上擦了一点胭脂。
③手镯 n. bracelet
e.g. 她手上戴着一个金镯子。
④心肝宝贝 n. the apple of one's eye; a person that one loves dearly
e.g. 女儿是他的心肝宝贝。
⑤泥 n. clay
e.g. 下雨了，他摔倒了，起来的时候脸上都是泥。
⑥惊讶 adj. surprised; astonished
e.g. 同学们都惊讶地看着他。
⑦皇宫 n. imperial palace
e.g. 皇宫就是皇帝住的地方。
⑧妃子 n. an imperial concubine
e.g. 皇帝有很多妃子。

zhèngshì fūrén　Wáng fūrén shēng de . Jiǎ Shè lǎoye de nǚ'ér
正室夫人 ① 王 夫人 生 的。贾赦老爷的女儿

jiào Yíngchūn, shì Jiǎ Fǔ de èrxiǎojiě . Jiǎ Fǔ de sānxiǎojiě
叫 迎春，是 贾府 的 二小姐。贾府 的 三小姐

jiào Tànchūn, yě shì Jiǎ Zhèng de nǚ'ér , shì Jiǎ Zhèng de
叫 探春，也 是 贾 政 的 女儿，是 贾 政 的

qiè shēng de . Jiǎ Fǔ de sìxiǎojiě shì Níngguó Fǔ Jiǎ Zhēn
妾 ② 生 的。贾府 的 四小姐 是 宁 国 府 贾 珍

lǎoye de mèimei, jiào Xīchūn . Jiǎ Fǔ de xiǎojiěmen gègè
老爷 的 妹妹，叫 惜春。贾府 的 小姐们 个个

dōu hěn piàoliang, hěn yōuxiù . Yīnwèi Jiǎ mǔ fēicháng xǐhuan
都 很 漂亮，很 优秀。因为 贾母 非常 喜欢

sūnnǚ , suǒyǐ xiǎojiěmen dōu gēn zài Jiǎ mǔ shēnbiān,
孙女 ③，所以 小姐们 都 跟 在 贾 母 身 边，

péizhe Bǎoyù dúshū . Jiǎ fǔ zhōng hái yǒu yí gè niánqīng
陪着 宝玉 读书。贾府 中 还 有 一 个 年轻

piàoliang de xífu , jiào Wáng Xīfèng . Wáng Xīfèng shì
漂 亮 的 媳妇 ④，叫 王 熙 凤。王 熙 凤 是

Wáng fūrén de zhínǚ . Jiǎ Shè lǎoye de érzi Jiǎ Liǎn
王 夫人 的 侄女 ⑤。贾赦老爷 的 儿子 贾 琏

qǔle Wáng Xīfèng . Wáng Xīfèng jīngmíng-qiánggàn , shì
娶了 王 熙凤。王 熙凤 精 明 强 干 ⑥，是

《Hónglóumèng》 gùshi de zhǔyào rénwù zhī yī .
《红 楼 梦》 故事 的 主要 人物 之 一。

①正室夫人 *n.* legal wife
e.g. 在中国古代，男人的正室夫人只能有一个。
②妾 *n.* concubine
e.g. 妾就是男人的小老婆。
③孙女 *n.* granddaughter
e.g. 她的孙女已经九岁了。
④媳妇 *n.* married woman; wife; daughter-in-law
e.g. 他娶了一个漂亮的媳妇。
⑤侄女 *n.* niece, brother's daughter
e.g. 王夫人让她的侄女王熙凤管家。
⑥精明强干 *adj.* intelligent and capable; able and efficient
e.g. 一看她就是个精明强干的人。

一、词语注释 Notes

1. 女娲补天　Nüwa patches up the sky

中国的一个神话传说。相传水神共工和火神祝融大战，水神共工战败了，一气之下将不周山撞倒。不周山是支撑天空的天柱，不周山倒了，天空就坍塌了，洪水从天而降，人们生活十分艰难。女神女娲炼制了神奇的五彩石，把天上的洞补上了。在《红楼梦》中，青埂峰上的灵石就是女娲补天遗留下来的。为了能去人间，灵石变成一块玉。这块玉就是贾宝玉带到人间的那块宝玉。

A Chinese myth. According to legend, the god of water, Gonggong（共工）, and the god of fire, Zhurong（祝融）fight a great war. The god of water is defeated and in anger, he knocks down the Buzhou Mountain, which supports the sky. The sky collapses and people suffer due to massive flooding caused by this collapse. Nüwa, the goddess who created humankind, wants to save the people from their hardship, so she makes magical coloured stones and uses them to patch the holes in the sky. In *A Dream of Red Mansions,* the stone found at Qinggeng Peak（青埂峰）is one of the magic stones that Nüwa left behind. The stone transforms into a small piece of jade, an auspicious item for people, in order to experience the human world. It is this piece of jade that Jia Baoyu has in his mouth at birth.

2. 炼丹 making pellets of immortality

指道教用丹砂等材料炼制使人长生不老的药。在故事中，宁国府的贾敬希望自己长生不老，一辈子热衷于道教炼丹，最终因为服用"长生不老药"中毒而死。

A Daoist practice of making pellets that would supposedly bring about immortality. Cinnabar, the material involved, contained mercury. In the story, at Ningguo Mansion (宁国府) Jia Jing (贾敬) pines for longevity and keenly follows this Daoist practice. Eventually he dies from taking the "immortality pellets" he has made.

3. 抓周 grabbing test on a baby's first birthday

中国的传统习俗。在婴儿一岁的生日那天，家长在婴儿面前摆放书、毛笔、砚台、工匠的工具、玩具、食物、化妆品和其他许多新奇的东西，让婴儿自己去拿。据说婴儿所选的东西会预示着婴儿将来的性格、生活、未来的职业、行为、习惯、爱好，等等。现在抓周对很多家庭而言只是一种娱乐。

A Chinese tradition. On a baby's one-year birthday, various articles, such as books, a writing brush, an inkslab, workman's tools, playthings, edibles, cosmetics and a variety of gadgets, are assembled and spread out before the baby. Whatever article the baby picks up is supposed to indicate his/her future character, pattern of life, occupation, behaviour, habits, hobbies, etc. Nowadays, for most families in China this practice is just for fun.

二、思考题 Reading Comprehension Questions

1. 青埂峰山下的石头是哪儿来的？
2. 这块石头为什么变成了玉石？
3. 绛珠仙女为什么要报答神瑛侍者？
4. 在宝玉出生的时候，发生了什么神奇的事情？
5. 贾府一共有几位小姐？她们叫什么名字？

二、林黛玉 [1] 进贾府 ①

①府 *n.* official residence; mansion; your home
e.g. 改天我到府上拜访。

Guide to reading:

Lin Daiyu (黛玉) is so clever that she can read and write when she is only five or six years old. However, her mother dies of illness and her father cannot take good care of her, so he decides to send her to her grandmother. From then on, Daiyu lives with Baoyu (宝玉) and his sisters. In ancient China, big families had many rules. Young Daiyu is unfamiliar with these rules. On her first day in the Jia family, she is nervous and almost causes a stir.

故事正文 Story

贾母^[2]有个女儿叫贾敏，嫁给了林
如海。林如海一家原来住在姑苏城，后来
住在扬州城。他们有一个瘦弱多病的
女儿，叫林黛玉。

林黛玉十分聪明，从小就认识很多
字，会背很多诗，读过很多文章。黛玉
很小的时候，她的母亲就生病去世①了。
父亲照顾不了女儿，决定把她送到
外祖母②家去，也就是送到荣国府贾母
身边。贾母听说外孙女③要来了，高兴得
不得了，可是一想起黛玉的妈妈，又伤心
流泪。

一天，林黛玉坐着轿子④来到荣国府。
以前，她经常听母亲讲外祖母家的事情，
说外祖母家的规矩多，要小心留意⑤，不
能闹笑话⑥。黛玉记得特别清楚，心想：

①去世 v. pass away; die
e.g. 他父亲去年去世了。
②外祖母 n. maternal grandmother
e.g. 他是外祖母带大的。
③外孙女 n. granddaughter, daughter's daughter
e.g. 贾母有很多孙子、孙女，但只有一个外孙女。
④轿子 n. sedan; sedan chair
e.g. 新娘坐在轿子里面。
⑤留意 v. be careful; keep one's eyes open
e.g. 你留意到他刚才的眼神了吗？
⑥闹笑话 make a fool of oneself
e.g. 你要小心，别闹笑话。

①步 *n.* step
e.g. 你再往前走两步。
②路 *n.* path; journey
e.g. 这里离我家没两步路。
③仆人 *n.* (domestic) servant
e.g. 仆人给他倒了杯茶。
④厅堂 *n.* reception hall
e.g. 厅堂里挂着字画。
⑤拜见 *v.* bow in salute; visit
e.g. 他去北京拜见他的老师。
⑥心肝儿 *n.* sweetheart; sweetie (a term of endearment mostly used with one's small children)
e.g. 她家就她一个女儿，她是全家的心肝儿。
⑦舅母 *n.* wife of mother's brother
e.g. 贾母让黛玉去拜见大舅母和二舅母。
⑧嫂子 *n.* elder brother's wife; elder sister in-law
e.g. 嫂子在厨房做饭。
⑨表姐妹 *n.* female cousins
e.g. 我的表姐妹长得都很漂亮。
⑩心疼 *v.* love sb. dearly
e.g. 老太太特别心疼她。
⑪配药 *v.* make up or dispense a prescription
e.g. 医生给他配了一些药，让他回家休息。
⑫预言 *v.* predict; foretell
e.g. 这个和尚预言他会过上幸福的生活。

"Dàole zhèlǐ, bù néng duō shuō yí jù huà, bù néng duō
"到了这里，不能多说一句话，不能多
zǒu yí bù lù." Jìnle Róngguó Fǔ hòu, púrén fúzhe
走一步①路②。"进了荣国府后，仆人③扶着
Lín Dàiyù chuānguò jǐ zuò tīngtáng, cái láidào wàizǔmǔ zhù
林黛玉穿过几座厅堂④，才来到外祖母住
de fángjiān.
的房间。

　　Dàiyù jìnrù fángjiān, kànjiàn liǎng gè rén fúzhe yí gè
　　黛玉进入房间，看见两个人扶着一个
báifà de lǎotàitai, Dàiyù gāng xiǎng xiàbài, jiù bèi Jiǎ
白发的老太太，黛玉刚想下拜⑤，就被贾
mǔ yìbǎ bàozhù, jiàozhe "xīngānr", dà kū qǐlai.
母一把抱住，叫着"心肝儿⑥"，大哭起来。
Dàiyù yě kū gè bù tíng. Dàjiā mànmàn quànzhùle Jiǎ mǔ hé
黛玉也哭个不停。大家慢慢劝住了贾母和
Dàiyù. Dàiyù yòu zhèngshì bàijiànle wàizǔmǔ, jiùmǔ,
黛玉。黛玉又正式拜见了外祖母、舅母⑦、
sǎozi, biǎojiěmèi děng rén.
嫂子⑧、表姐妹⑨等人。

　　Dàiyù shēntǐ bù hǎo, jīngcháng shēngbìng. Tā duì Jiǎ
　　黛玉身体不好，经常生病。她对贾
mǔ shuō: "Wǒ cóngxiǎo jiù zhèyàng, cóng huì chī fàn de shíhou
母说："我从小就这样，从会吃饭的时候
jiù kāishǐ chī yào, dào xiànzài dōu méiyǒu xiàoguǒ." Jiǎ mǔ
就开始吃药，到现在都没有效果。"贾母
xīnténg Dàiyù, ràng púrén duō gěi Dàiyù pèi yìxiē yào.
心疼⑩黛玉，让仆人多给黛玉配一些药⑪。

　　Dàiyù sān suì de shíhou, jiā li qǐngguò yí gè Làitóu
　　黛玉三岁的时候，家里请过一个癞头
Héshang kànbìng. Làitóu Héshang yùyán shuō, Dàiyù
和尚 [3] 看病。癞头和尚预言⑫说，黛玉
rúguǒ xiǎng bù shēngbìng, yí bèizi dōu bù néngtīngjiàn biéren
如果想不生病，一辈子都不能听见别人

de kūshēng. Kěshì tā bù kěnéng tīngbujiàn kūshēng, suǒyǐ
的 哭声。可是 她 不 可能 听 不 见 哭 声，所以

tā de shēntǐ zǒngshì bù hǎo.
她 的 身体 总是 不 好。

Dàiyù gēn Jiǎ mǔ shuōhuà shí, tīngjiàn hòuyuàn yǒu rén
黛玉 跟 贾母 说话 时，听见 后院① 有人

xiàozhe shuō："Wǒ láiwǎn le, méiyǒu lái yíngjiē kèrén！"
笑 着 说："我 来 晚 了，没有 来 迎接 客人！"

Zhǐ jiàn yí gè fēicháng měilì, chuān de hěn piàoliang de
只 见 一个 非常 美丽、穿 得 很 漂 亮 的

fùrén zǒule jìnlai, hòumiàngēnzhe yì qúnyāhuan. Jiǎ
妇 人② 走了 进来，后面 跟着 一 群丫环③。贾

mǔ jiào tā "Fènglàzi". Jiěmèimen gàosu Dàiyù, zhè shì
母 叫 她 "凤 辣子"。姐妹们 告诉 黛玉，这是

dàjiùmu de érxífu, yě shì èrjiùmu Wáng fūrén de
大舅母 的 儿媳妇④，也是 二舅母 王 夫人 的

zhínǚ, Wáng Xīfèng sǎozi. Wáng Xīfèng jiànle Dàiyù,
侄女，王 熙凤[4] 嫂子。王 熙凤 见了 黛玉，

shuō："Mèimei zhǎng de zhēn piàoliang！Yǐhòu nǐ jiù fàngxīn
说："妹妹 长 得 真 漂亮！以后 你 就 放心

zài zhèli zhùxià le, chī zhù fāngmiàn yǒu shénme xūyào jiù
在 这里 住下 了，吃 住 方面 有 什么 需要 就

gēn wǒ jiǎng, púrén fúwù bù zhōudào yě gēn wǒ shuō.
跟 我 讲，仆人 服务 不 周到 也 跟 我 说。"

Wáng Xīfèng yòu duì púrén shuō："Lín gūniang de xíngli ná
王 熙凤 又 对 仆人 说："林 姑娘 的 行李 拿

jìnlaile ma？Dǎsǎo liǎng jiān fángjiān, ràng tā de púrén
进来了 吗？打扫 两 间 房间，让 她 的 仆人

qù xiūxi yíxià." Shuōhuà shí, púrénmen yǐjīng bǎihǎole
去 休息 一下。"说话 时，仆人们 已经 摆好了

chádiǎn shuǐguǒ. Wáng fūrén wèn Wáng Xīfèng púrén de
茶点 水果。王 夫人 问 王 熙凤 仆人 的

gōngqian fāle méiyǒu, Wáng Xīfèng huídá yǐjīng fā le,
工钱⑤ 发了 没有，王 熙凤 回答 已经 发了，

①后院 n.inner courtyard; backyard
e.g. 后院不是什么人都能进去的。
②妇人 n. married lady
e.g. 我看见有个妇人进了屋。
③丫环 n. maid; servant girl
e.g. 贾府里每个小姐都有四五个丫环照顾她们。
④儿媳妇 n. daughter-in-law, son's wife
e.g. 王熙凤是贾赦和邢夫人的儿媳妇。
⑤工钱 n. wage; pay
e.g. 春节到了，老板给每个工人发了工钱。

bìngqiě yě zhǔnbèi hǎole bùliào gěi Dàiyù zuò yīfu . Wáng
并且也准备好了布料① 给黛玉做衣服。 王

fūrén duì Wáng Xīfèng fēicháng mǎnyì , yīnwèi tā fēicháng
夫人对 王 熙凤 非常 满意， 因为 她 非常

nénggàn .
能 干。

Chī wǎnfàn shí , Dàiyù jiàndào Róngguó Fǔ li guīju hěn
吃 晚饭 时， 黛玉 见到 荣 国 府 里 规矩 很

yángé , hé jiā li de bù yíyàng , tā bùdébù xuézhe dàjiā
严格， 和 家 里 的 不 一样， 她 不得不 学着 大家

de yàngzi zuò , gǎizhèng guòlai . Chīwán wǎnfàn , dàjiā zuò
的 样子 做， 改 正 过来。 吃完 晚饭， 大家 坐

zài yìqǐ liáotiān , yāhuan jìnlai xiàozhe shuō : " Bǎoyù lái
在 一起 聊天， 丫环 进来 笑着 说:" 宝玉 来

le ! " Dàiyù yě tīng mǔqin shuōguo , tā yǒu gè biǎoxiōng②
了！" 黛玉 也 听 母亲 说过， 她 有 个 表 兄 ②

jiào Jiǎ Bǎoyù , shēng xiàlai zuǐ li hánzhe yí kuài yùshí ,
叫 贾 宝玉 [5]， 生 下来 嘴 里 含着 一 块 玉石，

hái shuō tā tèbié wánpí , bú ài dúshū , zuì xǐhuan hé
还 说 他 特别 顽皮③， 不 爱 读书， 最 喜欢 和

jiěmèimen wánshuǎ , wàizǔmǔ yòu fēicháng xīnténg tā ,
姐妹们 玩耍④， 外祖母 又 非常 心疼 他，

méiyǒu rén gǎn guǎnjiào tā . Dàjiā zhèngzài shuōhuà de
没有 人 敢 管 教⑤ 他。 大家 正在 说话 的

shíhou , jìnlaile yí wèi shàonián . Tā tóu shang dàizhe
时候， 进来了 一 位 少年。 他 头 上 戴着

jīnguān , liǎn kàn shàngqu xiàng zhōngqiū de yuèliang yíyàng ,
金冠⑥， 脸 看 上去 像 中秋 的 月亮 一样，

liǎnsè xiàng chūntiān zǎoshang de huā yíyàng hóngrùn . Tā
脸色 像 春天 早上 的 花 一样 红润⑦。 他

shēnshang dàizhe yì gēn yòng wǔ zhǒng yánsè de xiàn biānchéng
身 上 带着 一 根 用 五 种 颜色 的 线 编 成

de tāozi , tāozi shàng jìzhe yí kuài měilì de yù .
的 绦子⑧， 绦子 上 系着 一 块 美丽 的 玉⑨。

①布料 n. cloth; fabric
e.g. 这布料都是上好的。
②表兄 n. elder male cousin (from mother's side)
e.g. 我的表兄比我大三岁。
③顽皮 adj. naughty; mischievous
e.g. 这个顽皮的男孩儿谁都不怕。
④玩耍 v. play; frolic about
e.g. 几个孩子快乐地在草地上玩耍。
⑤管教 v. discipline; subject sb. to discipline
e.g. 孩子不听管教怎么办?
⑥金冠 n. gold coronet; gold crown
e.g. 国王头上戴着金冠。
⑦红润 adj. smooth and rosy; ruddy
e.g. 他气色红润，看起来很健康。
⑧绦子 n. silk ribbon; silk braid
e.g. 他女朋友会打绦子。
⑨玉 n. jade
e.g. 这个手镯是玉做的。

Dàiyù yí jiàn, fēicháng chījīng, xīnli xiǎngzhe:"Hǎo
黛玉一见，非常吃惊，心里想着："好
qíguài, zhè rén kàn shàngqu hěn shúxi, hǎoxiàng zài nǎli
奇怪，这人看上去很熟悉，好像在哪里
jiànguo." Bǎoyù kànjiànle Dàiyù, xiàozhe shuō:"Wǒ
见过。"宝玉看见了黛玉，笑着说："我
jiànguo zhè gè mèimei." Jiǎ mǔ xiàozhe shuō:"Húshuō, nǐ
见过这个妹妹。"贾母笑着说："胡说，你
shénme shíhou jiànguo tā?" Bǎoyù xiàozhe shuō:"Suīrán méi
什么时候见过她？"宝玉笑着说："虽然没
jiànguo miàn, dànshì gǎnjué gēn tā hěn shúxi, hǎoxiàng shì
见过面，但是感觉跟她很熟悉，好像是
hěn jiǔ méi jiànmiàn de lǎo péngyou."
很久没见面的老朋友。"

Bǎoyù jiēzhe yòu wèn Dàiyù:"Nǐ yǒu yù ma?"
宝玉接着又问黛玉："你有玉吗？"
Dàiyù huídá shuō:"Wǒ méiyǒu nà gè yù. Yù shì bǎobèi,
黛玉回答说："我没有那个玉。玉是宝贝，
bú shì rénrén dōu yǒu de." Bǎoyù tīngle zhīhòu, jiù kāishǐ
不是人人都有的。"宝玉听了之后，就开始
fā píqi, zhāixià zìjǐ de yù shuāi zài dì shang, màzhe:
发脾气，摘下自己的玉摔在地上，骂着：
"Shénme pò dōngxi! Jiā li jiějiemèimei dōu méiyǒu, jiù wǒ
"什么破东西！家里姐姐妹妹都没有，就我
yǒu. Zhè bú shì gè hǎo dōngxi!" Dàjiā xià de yìqǐ qù
有。这不是个好东西！"大家吓得一起去
jiǎn, Jiǎ mǔ hǒngzhe tā, yòu qīnshǒu bǎ yù gěi tā
捡，贾母哄①着他，又亲手把玉给他
dàishàng.
戴上。

Jiǎ mǔ bǎ Bǎoyù hé Dàiyù dōu zànshí ānpái zàile
贾母把宝玉和黛玉都暂时安排在了
zìjǐ zhùchù zhùxià, Dàiyù zhù bìshāchú li, Bǎoyù
自己住处住下，黛玉住碧纱橱[6]里，宝玉

①哄 v. coax
e.g. 她生气了，你快去
哄她。

zhù bìshāchú wài. Dàiyù zhǐ dàile liǎng gè púrén： tā de
住碧纱橱外。黛玉只带了两个仆人：她的

nǎiniáng hé shísuì de yāhuan Xuěyàn. Jiǎ mǔ pà zhàogù
奶娘① 和十岁的丫环雪雁。贾母怕照顾

Dàiyù de rén búgòu，jiù bǎ zìjǐ de yí gè yāhuan ——
黛玉的人不够，就把自己的一个丫环——

Zǐjuān gěile Dàiyù. Bǎoyù shēnbiān yǒu gè yāhuan jiào Xírén，
紫鹃给了黛玉。宝玉身边有个丫环叫袭人，

yǐqián céng shì fúshì② Jiǎ mǔ de yāhuan. Jiǎ mǔ mìnglìng
以前曾是服侍②贾母的丫环。贾母命令

Xírén jīnwǎn yě qù zhàogù Dàiyù. Wǎnshang， Xírén kàn jiàn
袭人今晚也去照顾黛玉。晚上，袭人看见

Dàiyù méiyǒu shuìjiào， jiù wèn Dàiyù zěnme le. Dàiyù
黛玉没有睡觉，就问黛玉怎么了。黛玉

shuō， zìjǐ dì-yī tiān lái Róngguó Fǔ jiù ràng Bǎoyù shuāile
说，自己第一天来荣国府就让宝玉摔了

yù， xīnli hěn nánshòu. Xírén gàosu tā，Bǎoyù jiù xiàng
玉，心里很难受。袭人告诉她，宝玉就像

xiǎo háizi yíyàng， jiānglái shíjiān jiǔ le， hái yǒu gèng qíguài
小孩子一样，将来时间久了，还有更奇怪

de shìr ne！
的事儿呢！

①奶娘 *n.* wet nurse
e.g. 他跟奶娘的关系更
亲近。
②服侍 *v.* wait on; attend
on; nurse
e.g. 丫环每天服侍小姐。

一、词语注释 Notes

1. 林黛玉 Lin Daiyu

本书中的女主角，男主角贾宝玉的表妹。她长得美丽而柔弱，是中国古代典型的大家闺秀形象。她身体不好，经常吃药。因为父母早逝，她长期住在外祖母家，性格隐忍，很多事情不愿意说出来，只是憋在心里。她非常有才华，但是同时她也非常高傲，不喜欢和人亲近，连一些仆人也不喜欢她。她和宝玉有着共同理想和志趣，真心相爱，经常拌嘴吃醋，但这一爱情最终没有好结果。林黛玉在宝玉娶宝钗的当天病逝。

Baoyu's younger female cousin and the heroine in the novel. She is beautiful and delicate, a typical image of a well-bred girl from a respectable family in ancient China. She is perpetually in bad health and relies on medicine from the early stages of childhood onwards. As an orphan, she lives in Grandma Jia's house away from her own home. Sensitive as she is, she hides her true feelings for Baoyu and keeps her grief and sorrows to herself. She is a gifted young lady with artistic talent. Nevertheless, she is not very popular among people, including some servants, because of her proud, aloof personality and detached attitude. She shares common dreams and interests with Baoyu and loves him wholeheartedly, although she exchanges bitter words with him sometimes out of jealousy. However, their mutual love does not lead to a happy marriage. Daiyu loses her battle with destiny, dying with a broken heart on the night of Baoyu's wedding with Baochai.

2. 贾母 Grandma Jia

贾府年纪最大的长者，她经历了贾府由盛至衰的过程。她是贾宝玉的祖母，林黛玉的外祖母，慈祥仁爱，喜欢宝玉和孙女们。她性格善良宽厚，对待远房亲戚和下人也十分仁慈。她擅长言谈，风趣幽默，家里人跟她聊天经常开怀大笑。她纵情享乐，小辈们在外有什么坏事，只要不触及到她的底线，她都不过问。

The most senior person in the Jia family. She has witnessed the family's rise to prosperity and its decline. She is the grandmother of Baoyu (paternal side) and Daiyu (maternal side). She is kind and amiable and likes the company of Baoyu and her granddaughters. Grandma Jia appears to be a very kindhearted person and tolerant towards the servants, and she is generous towards remote relatives in need as well. She is very humorous and a skilled storyteller and often makes people around her laugh wholeheartedly. On the other hand, she enjoys her luxurious lifestyle and is very indulgent with the mischievous and even improper conduct of the younger generation of masters. She never takes these matters seriously unless they challenge her basic values and beliefs.

3. 癞头和尚 the Scabby Monk

故事中的一位先知和尚。在《红楼梦》中，这个和尚似乎知道一切，比如贾宝玉的神奇玉石、贾宝玉和林黛玉的前世故事，以及薛宝钗的金锁等故事。这位和尚似乎还会通灵法术，知道天上人间的事情，能够预言贾宝玉、林黛玉和薛宝钗的命运。

A Buddhist monk who is a prophet in the story. In *A Dream of Red Mansions,* this monk seems to know everything about Jia Baoyu's (贾 宝 玉) magical jade, the previous celestial lives of Jia Baoyu and Lin Daiyu (林黛玉), Xue Baochai's (薛 宝 钗) gold locket, etc. The monk seems to have magic powers and know all heavenly and human stories, so he plays the part of a prophet, telling the destinies of Jia Baoyu, Lin Daiyu, and Xue Baochai.

4. 王熙凤 Wang Xifeng

小说中非常生动的形象之一。她是贾琏的妻子，贾母的孙媳妇，也是荣国府的实际管理者。她美丽而泼辣，非常有才干，衣着也非常华丽。但是她也非常恶毒，对阻碍自己感情和事业的人都要除掉。最终她也没有一个好的结果，留下女儿一人，痛苦死去。

One of the characters vividly described in the story. She is the granddaughter-in-law of Grandma Jia and wife of Jia Lian. She is the person who runs the Rongguo Mansion. Wang Xifeng is beautiful with a taste for richly ornamented clothing. She is a competent manager of the house and is bold and vigorous in running the big family. But she is vicious, vowing to eliminate anyone who becomes an obstacle to her success in either her personal love or her work. Ironically, she ends up experiencing a miserable death, leaving her daughter motherless.

5. 贾宝玉 Jia Baoyu

《红楼梦》中的男主角。他眉清目秀，长得很俊俏。家里人十分宠爱他，他吃的食物和穿的衣服都是最好的。贾宝玉很聪明，但是却讨厌读书，不愿意去考取功名做官。他喜爱和姐妹们玩耍，总是爱开玩笑，但他有时性情也十分古怪。他和林黛玉真心相爱但却没能娶她，而是娶了薛宝钗。最后他出家当了和尚。

The male protagonist in *A Dream of Red Mansions*. He is remarkably handsome, with finely chiseled features. He is the most doted-on child of the family and is provided the finest food and attire. He is very smart but has little interest in pursuing an official career through taking imperial civil examinations. He prefers the company of his sisters and female cousins as well as his female servants to men. He also enjoys joking around. However, sometimes he can be an eccentric in some people's eyes. He has a profound and lasting love for Lin Daiyu, but fails to marry her. He is manipulated into marrying Xue Baochai and becomes a monk in the end.

6. 碧纱橱 green gauze screen

又叫隔扇门，是指用来分割房间的连排木隔扇。一般人家在木隔扇框架上糊纸，有钱人家则在框架上糊绿色绢纱，所以叫"碧纱橱"。在故事中，贾母因为特别喜欢黛玉，所以就让她和宝玉跟自己一起住，两个人的房间只隔一道碧纱橱。这为宝玉和黛玉的爱情打下了基础。

A wooden frame that separates one part of a room from another. It is also called a dividing door (隔 扇 门), on which ordinary families will paste paper and wealthy families will use green gauze. In the story, Grandma Jia is partial to Daiyu, and arranges for Daiyu to live in her living quarters temporarily, a privilege also enjoyed by Baoyu. A green gauze screen separates their bedrooms. This arrangement breeds the love between the two.

二、思考题 Reading Comprehension Questions

1. 林黛玉为什么来到贾府？贾母是她的什么人？
2. 宝玉为什么要摔玉？
3. 王夫人为什么喜欢王熙凤？
4. 贾母让谁去服侍黛玉？

三、薛宝钗^[1]和八字箴言^[2]

Sān, Xuē Bǎochāi hé bá zì zhēnyán

Guide to reading:

Xue Baochai (薛宝钗), an elder female cousin of Jia Baoyu (贾宝玉), is a pretty and lovely girl. Xue Baochai's elder brother, Xue Pan (薛蟠), beats a person to death. In order to escape punishment for this crime, his mother takes him and his sister to live with the Jia family. Xue Baochai has a specially made herbal pill called Cold Fragrant Pill (冷香丸) that she takes whenever a peculiar illness arises. One day, Jia Baoyu comes to see Xue Baochai, and the fragrance of the medicine attracts him. Xue Baochai is soon liked by almost everyone, as she suits the image of a lovely, kind and gentle lady in line with the conventions of that time. However, Daiyu is not particularly happy with this newcomer.

故事正文 Story

Róngguó Fǔ de Wáng fūrén yǒu gè mèimei, dàjiā dōu
荣国府的王夫人有个妹妹，大家都
jiào tā Xuē yímā　Xuē yímā yǒu yí gè érzi jiào Xuē Pán,
叫她薛姨妈。薛姨妈有一个儿子叫薛蟠，
yí gè nǚ'ér jiào Xuē Bǎochāi. Liǎng gè háizi de fùqin hěn
一个女儿叫薛宝钗。两个孩子的父亲很
zǎo jiù qùshì le. Xuē yímā nì'ài érzi, zhè érzi
早就去世了。薛姨妈溺爱①儿子，这儿子
zhǎngdàle méiyǒu shénme chéngjiù, zhǐ zhīdao chīhē-wánlè,
长大了没有什么成就，只知道吃喝玩乐②，
jīngcháng rě máfan. Dànshì nǚ'ér Xuē Bǎochāi què shífēn
经常惹麻烦③。但是女儿薛宝钗却十分
měilì, xiàoshùn, xǐhuan dú shū hé xiě shī. Xuē Bǎochāi
美丽、孝顺，喜欢读书和写诗。薛宝钗
jīngcháng bāngzhù jiā li zuòxiē zhēnxiànhuó, bāng mǔqin
经常帮助家里做些针线活④，帮母亲
fēnyōu
分忧⑤。

Yí cì, Xuē Pán yǔ rén fāshēng jiūfēn, dǎsǐle yí
一次，薛蟠与人发生纠纷⑥，打死了一
gè rén. Wèile bìhuò, quán jiā rén láidào Róngguó Fǔ,
个人。为了避祸⑦，全家人来到荣国府，
duǒcáng qǐlai. Xuē yímā yì jiā zhù zài Róngguó Fǔ de
躲藏起来。薛姨妈一家住在荣国府的
Líxiāng Yuàn. Jiǎ jiā de rén duì Xuē yímā yì jiā fēicháng hǎo,
梨香院。贾家的人对薛姨妈一家非常好，
jīngcháng lái zhǎo tāmen liáotiān, wánshuǎ.
经常来找他们聊天、玩耍。

Lín Dàiyù láidào Róngguó Fǔ yǐhòu, Jiǎ mǔ fēicháng
林黛玉来到荣国府以后，贾母非常
xǐhuan tā, chī de, zhù de, yòng de dōu gēn Bǎoyù yíyàng.
喜欢她，吃的、住的、用的都跟宝玉一样。

①溺爱 v. spoil (a child); dote on
e.g. 父母不应该溺爱孩子。

②吃喝玩乐 indulge in eating, drinking, and pleasure-seeking
e.g. 他整天就知道吃喝玩乐，不愿意学习。

③惹麻烦 make trouble
e.g. 这个淘气的孩子经常给妈妈惹麻烦。

④针线活 n. needlework
e.g. 以前女孩子都要学习做针线活。

⑤分忧 v. share one's worries and burdens
e.g. 儿女要为父母分忧。

⑥纠纷 n. trouble; dispute; quarrel
e.g. 两家因为田地起了纠纷。

⑦避祸 dodge troubles; run away from misfortune
e.g. 民间传说本命年穿红色的内衣可以避祸。

①亲近 v. be close to
e.g. 她很善良，大家都
喜欢亲近她。

②端庄 adj. elegant,
dignified and sedate
e.g. 她是一个端庄的女
孩子。

③平易近人 easy to get
along with; modest and
approachable
e.g. 他平易近人，大家
都很喜欢他。

④孤高 adj. aloof and
proud; remote
e.g. 她性情孤高，一般
人她看不上。

⑤夫妻 n. husband and
wife; couple
e.g. 他们是一对恩爱的
夫妻。

⑥刺绣 n. embroidery
e.g. 她跟着妈妈学刺绣。

⑦图案 n. pattern; design
e.g. 他背上的纹身图案
真好看。

⑧园子 n. garden; yard
e.g. 园子里种满了菊花。

Dàiyù gēn Bǎoyù hěn qīnjìn , yǒuhǎo . Liǎng gè rén jīhū
黛玉跟宝玉很亲近①、友好。两个人几乎
suíshí dōu zài yìqǐ . Méi xiǎngdào hūrán láile yí gè Xuē
随时都在一起。没想到忽然来了一个薛
Bǎochāi . Xuē Bǎochāi bǐ Lín Dàiyù de niánlíng dà yìxiē .
宝钗。薛宝钗比林黛玉的年龄大一些。
Bǎochāi duānzhuāng , měilì , píngyì-jìnrén , bú xiàng
宝钗端庄②，美丽，平易近人③，不像
Dàiyù gūgāo , bù hé rén qīnjìn . Yìxiē rén shuō Dàiyù
黛玉孤高④，不和人亲近。一些人说黛玉
bǐbushàng Bǎochāi, dōu xǐhuan hé Bǎochāi wánr , yīncǐ Dàiyù
比不上宝钗，都喜欢和宝钗玩儿，因此黛玉
xīnzhōng bù gāoxìng . Bǎoyù zhěngtiān gēn jiějiemèimeimen
心中不高兴。宝玉整天跟姐姐妹妹们
yìqǐ wánr , méiyǒu gǎnjué dào Dàiyù de xīnlǐ biànhuà .
一起玩儿，没有感觉到黛玉的心理变化。
Róngguó Fǔ yǒu yí duì púrén fūqī , zhàngfu jiào Zhōu
荣国府有一对仆人夫妻⑤，丈夫叫周
Ruì , dàjiā xíguàn bǎ tā de qīzi jiào Zhōu Ruì xífu . Yì
瑞，大家习惯把他的妻子叫周瑞媳妇。一
tiān , Zhōu Ruì xífu yǒu shìr qùle Líxiāng Yuàn , gāng
天，周瑞媳妇有事儿去了梨香院，刚
zǒujìn lǐmiàn de fángjiān , jiù kànjiàn Bǎochāi hé yāhuan Yīng'er
走进里面的房间，就看见宝钗和丫环莺儿
zhèngzài huà cìxiù de tú'àn . Zhōu Ruì xífu wèn Bǎochāi
正在画刺绣⑥的图案⑦。周瑞媳妇问宝钗
zěnme méi qù yuánzi li guàngguang . Bǎochāi shuō shēntǐ bù
怎么没去园子⑧里逛逛。宝钗说身体不
shūfu , suǒyǐ méi chūqu . Zhōu Ruì xífu wèn tā déle
舒服，所以没出去。周瑞媳妇问她得了
shénme bìng , yīnggāi qǐng gè dàifu lái hǎohāo zhìliáo . Xuē
什么病，应该请个大夫来好好治疗。薛
Bǎochāi shuō zìjǐ xiǎoshíhou jiù jīngcháng shēngbìng , yě bù
宝钗说自己小时候就经常生病，也不

zhīdao shì shénme bìng，　qǐngle hěn duō dàifu，　chīle hěn duō
知道是什么病，请了很多大夫，吃了很多

yào，　huāle hěn duō qián，　méiyǒu yìdiǎn xiàoguǒ。Hòulái
药，花了很多钱，没有一点效果。后来

yùdàole yí gè làitóu héshang，　jiù qǐng tā kànbìng. Làitóu
遇到了一个癞头和尚，就请他看病。癞头

héshang shuō，Bǎochāi shēng xiàlai zhīhòu shēntǐ li yǒu rèdú，
和尚说，宝钗生下来之后身体里有热毒，

yǒu yì zhǒng yào jiào "lěngxiāngwán"，　kěyǐ zhìliáo Bǎochāi
有一种药叫"冷香丸"[3]，可以治疗宝钗

de bìng. Làitóu héshang bǎ zhè "lěngxiāngwán" de zuòfǎ
的病。癞头和尚把这"冷香丸"的做法

gàosule Bǎochāi，　ràng tā shēngbìng de shíhou chī yì kē jiù
告诉了宝钗，让她生病的时候吃一颗就

xíng. Làitóu héshang hái gěile Bǎochāi bā zì zhēnyán，shuō
行。癞头和尚还给了宝钗八字箴言，说

zhè bā gè zì xūyào kè zài jīnqì　shang，hái shuō Bǎochāi
这八个字需要刻在金器① 上，还说宝钗

jiānglái yào jià　gěi yí gè yǒu yù de rén.
将来要嫁② 给一个有玉的人。

Bǎoyù tīngshuō Bǎochāi shēngbìng le，jiù láidào Líxiāng
宝玉听说宝钗生病了，就来到梨香

Yuàn kàn tā. Tā kànjiàn Bǎochāi zuò zài kàng shang zuò
院看她。他看见宝钗坐在炕③ 上做

zhēnxiànhuó. Bǎochāi de yǎnjing hěn piàoliang，tā de pífū
针线活。宝钗的眼睛很漂亮，她的皮肤

báibái de，　zuǐchún　hónghóng de. Tā suīrán shuōhuà bù
白白的，嘴唇④ 红红的。她虽然说话不

duō，　dànquè píngyì-jìnrén. Liǎng rén zuò zài kàng biān shang
多，但却平易近人。两人坐在炕边上

liáotiān.
聊天。

Liǎng gè rén liáole　yíhuìr　. Bǎochāi xiàozhe shuō：
两个人聊了一会儿。宝钗笑着说：

①金器 vessel made of gold
e.g. 这个金器上面刻了几个字。

②嫁 v. marry (a husband)
e.g. 她最后嫁给了她的师兄。

③炕 n. a bed made of bricks, able to be heated, usually used in north China
e.g. 炕上热，你上炕坐。

④嘴唇 n. lip
e.g. 嘴唇干裂时，不要舔嘴唇。

"Jīntiān wǒ yào zǐxì qiáoqiao nǐ de yù."　Bǎoyù zhāixià
"今天我要仔细瞧瞧你的玉。"宝玉摘下
shēnshang de yù gěi Bǎochāi kàn. Zhè kuài yù tòumíng piàoliang,
身上的玉给宝钗看。这块玉透明漂亮,
zhōuwéi yǒu wǔ zhǒng yánsè de huāwén , shàngmiàn kèzhe bā
周围有五种颜色的花纹①, 上面刻着八
gè zì. Bǎochāi dúzhe zhè bā gè zì: "Mò shī mò wàng,
个字。宝钗读着这八个字:"莫失莫忘,
xiān shòu héng chāng." Pángbiān de Yīng'er xiàozhe shuō: "Wǒ
仙寿恒昌。"旁边的莺儿笑着说:"我
tīng zhè liǎng jù huà hé Bǎo gūniang xiàngquān shang de liǎng jù
听这两句话和宝姑娘项圈上的两句
huà hǎoxiàng shì yí duì." Bǎoyù tīng le, jímáng yào kàn
话好像是一对。"宝玉听了,急忙要看
Bǎochāi de xiàngquān. Bǎochāi zhǐhǎo zhāi xiàlai gěi Bǎoyù
宝钗的项圈。宝钗只好摘下来给宝玉
kàn. Bǎochāi de xiàngquān shang xiězhe: "Bù lí bú qì,
看。宝钗的项圈上写着:"不离不弃,
fānglíng yǒng jì." Bǎoyù niànle liǎngbiàn, yòu niàn zìjǐ de
芳龄永继。"宝玉念了两遍,又念自己的
liǎngbiàn, xiàozhe shuō: "Jiějie zhè bā gè zì zhēn de yǔ wǒ
两遍,笑着说:"姐姐这八个字真的与我
de shì yí duì." Bǎochāi gàosu Bǎoyù, zhè bā zì zhēnyán
的是一对。"宝钗告诉宝玉,这八字箴言
shì làitóu héshang sòng gěi tā de. Tā de jiārén bǎ zhè liǎng
是癞头和尚送给她的。她的家人把这两
jù huà kè zài yí gè jīnsuǒ shang, guà zài Bǎochāi de
句话刻在一个金锁②上, 挂在宝钗的
xiàngquān shang ràng tā suíshēn dàizhe. Làitóu héshang sìhu
项圈③上让她随身带着。癞头和尚似乎
yòng bā zì zhēnyán yùyánle Bǎoyù hé Bǎochāi de
用八字箴言预言了宝玉和宝钗的
"jīnyù-liángyuán".
"金玉良缘" [4]

①花纹 n. figure; decorative pattern
e.g. 这个金器上刻着各种花纹。
②金锁 n. a gold locket as a pendant hanging from a necklace or chaplet
e.g. 朋友刚生完小孩儿,我去看她,还送了她的宝宝一个金锁。
③项圈 n. chaplet worn around the neck
e.g. 她的脖子上戴着一个金项圈。

Bǎoyù hé Bǎochāi zuò de hěn jìn, tā wénjiànle yí
宝玉和宝钗坐得很近，他闻见了一

zhènzhèn de xiāngwèi, jiù wèn: "Jiějie yòng de shì shénme
阵阵的香味，就问："姐姐用的是什么

xiāng? Wǒ cóng méiyǒu wénguo zhè zhǒng xiāngwèi." Bǎochāi
香？我从没有闻过这种香味。"宝钗

shuō: "Shì wǒ zǎoshang qǐchuáng chī de lěngxiāngwán de
说："是我早上起床吃的冷香丸的

xiāngwèi." Bǎoyù ràng Bǎochāi gěi tā yì kē chángchang, bèi
香味。"宝玉让宝钗给他一颗尝尝，被

Bǎochāi xiàozhe jùjué: "Húnào, yào shì bù néng suíbiàn
宝钗笑着拒绝："胡闹①，药是不能随便

chī de."
吃的。"

Bǎoyù hé Bǎochāi shuōshuōxiàoxiào, guòle yíhuìr,
宝玉和宝钗说说笑笑，过了一会儿，

Dàiyù yě lái kànwàng Bǎochāi. Dàiyù yí jiàn Bǎoyù, jiù
黛玉也来看望宝钗。黛玉一见宝玉，就

xiàozhe shuō: "Āiyōu, wǒ lái de bùqiǎo le! Zǎo zhī tā
笑着说："哎呦，我来得不巧了！早知他

lái, wǒ jiù bù lái le." Bǎochāitīng le, wèn: "Zhè huà zěnme
来，我就不来了。"宝钗听了，问："这话怎么

jiǎng?" Dàiyù xiàozhe shuō: "Jiějie shì gè cōngmíngrén,
讲？"黛玉笑着说："姐姐是个聪明人，

zěnme bù míngbai? Lái ne yìqǐ lái, bù lái yí gè yě bù
怎么不明白？来呢一起来，不来一个也不

lái, bú shì tài rènao jiùshi tài lěngqīng. Bùrú jīntiān tā
来，不是太热闹就是太冷清。不如今天他

lái, míngtiān wǒ lái, zhèyàng tiāntiān dōu yǒu rén lái."
来，明天我来，这样天天都有人来。"

Sān gè rén shuōshuō xiàoxiào, yìqǐ chīle wǎnfàn.
三个人说说笑笑，一起吃了晚饭。

Bùzhī-bùjué wàimiàn xiàxuě le. Bǎoyù hé Dàiyù jiù gàocí
不知不觉②外面下雪了。宝玉和黛玉就告辞

①胡闹 v. be mischievous
e.g. 别胡闹了，听妈妈
的话上学去！
②不知不觉 unconsciously;
without noticing
e.g. 他趴在桌子上，不
知不觉就睡着了。

le ， yìqǐ huídào Jiǎ mǔ fáng li .
了，一起回到贾母房里。

一、词语注释 Notes

1. 薛宝钗 Xue Baochai

贾宝玉的表姐。她很美丽，也很聪明。她因为吃了药丸的原因，身体带着一种香气。她是一个典型的封建淑女，虽然有才，却深受男子一定要步入仕途、"女子无才便是德"思想的影响，因此宝玉有时很反感她。她处事圆滑，说话不多，却能左右逢源，贾府上下很多人都喜欢她。但是她也无法掌握自己的命运，最后还是听了长辈的安排嫁给了并不爱她的宝玉。

An elder female cousin of Baoyu. She is beautiful and smart. The medicine she takes scents her whole body. She is a model of a feudalistic genteel woman in ancient China. She is talented but deeply rooted in the traditional idea that "a woman's virtue is to have no talent," as well as the idea that "a man must have an official career." This is why Baoyu sometimes has a strong aversion to what she says. She is a sophisticated observer and knows how to deal with daily affairs in a very smooth and evasive way. She does not talk much, but she is very good at catering to other people's tastes and is liked by almost all the family members as well as the servants. However, beautiful and smart as she is, she still cannot master her own life. She has to comply with the elder members of the families and marry Baoyu who has no passionate feelings for her at all.

2. 八字箴言 motto of eight characters

用八个汉字写出的箴言。宝玉的玉石上写的八个字是 "莫失莫忘，仙寿恒昌"，意思是 "不要遗忘我，寿长且健壮"。宝钗的八字箴言是 "不离不弃，芳龄永继"，意思是 "不要离弃我，青春将永驻"。

癞头和尚的这两句八字箴言似乎在暗示宝玉和宝钗的姻缘是命中注定的，这就是《红楼梦》中的 "金玉良缘" 之说。然而，宝玉和宝钗的婚姻并不幸福圆满。

In the story, the motto on Baoyu's (宝玉) jade is:

"莫失莫忘，仙寿恒昌"，

"Never lose, never forget,

eternal life, lasting prosperity."

While the inscription on Baochai's (宝钗) gold locket is:

"不离不弃，芳龄永继"，

"Never leave, never abandon,

eternal youth, lasting beauty."

The implied message of the two mottos deciphered by the Scabby Monk seems to imply the predestined "gold and jade" marriage between Baoyu and Baochai, a leitmotif in

A Dream of Red Mansions. However, their marriage does not end happily in the story.

3. 冷香丸 Cold Fragrant Pill

一种虚构的药丸，为薛宝钗特制。"冷香丸"中的"冷"暗示薛宝钗内心冷淡的性格，"香"则与她美貌的外表相配。

A special herbal pill made for Baochai's particular illness. "Cold 冷" implies Xue Baochai's aloofness inside, and "fragrant 香" implies her beauty.

4. 金玉良缘 an ideal marriage of gold and jade

汉语中的金和玉通常被认为是美好姻缘的象征，称为金玉良缘。宝玉出生时嘴里衔着一块玉石，这块玉上刻着八字箴言，之后他一直戴着这块玉。宝钗小时候戴着一把金锁，这把金锁上也刻着八字箴言，并且和宝玉的八字箴言刚好是一对。因此，大家相信戴着玉石和金锁的两个人是注定会成婚的。

Gold and jade is a metaphor for a good marriage match in Chinese culture. Baoyu (宝玉) is born with a piece of jade inscribed with an eight-character motto in his mouth, which he carries with him at all times. Baochai (宝钗) has had a gold locket on her chaplet since childhood. On her gold locket, there is also an eight-character inscription which matches Baoyu's in meaning and metre. It is an important clue in the story, with many believing that the marriage of the two carriers of the jade and the locket are predestined to be together.

二、思考题 Reading Comprehension Questions

1. 薛姨妈一家为什么搬到荣国府来住?
2. 贾府的人为什么都喜欢宝钗?
3. 癞头和尚说宝钗将来会嫁给谁?

四、凤姐掌管①宁国府

Sì, Fèngjiě zhǎngguǎn Níngguó Fǔ

---

①掌管 *v.* be in charge of; manage
e.g. 他掌管着家里一切事务。

Guide to reading:

In ancient China, a big family had to ensure a very capable person was in charge of all the daily affairs. Wang Xifeng (王 熙 凤) is one of the most powerful females in the big family and is capable of running household affairs well. Jia Zhen (贾 珍), the master of Ningguo Mansion (宁 国 府), is in need of such capable hands when his daughter-in-law passes away and his wife is too ill to run the household. He asks Wang Xifeng to help with the funeral and manage his household temporarily.

故事正文 Story

Wáng Xīfèng xìnggé pōlà , Jiǎ mǔ jiào tā Fènglàzi ,
王熙凤性格泼辣①，贾母叫她凤辣子，

dàjiā jiào tā Fèngjiě , púrén hé yāhuan jiào tā Liǎn èrnǎinai .
大家叫她凤姐，仆人和丫环叫她琏二奶奶[1]。

Róngguó Fǔ de dà xiǎo shìqing dōu yóu tā qīnzì liàolǐ . Tā
荣国府的大小事情都由她亲自料理②。她

jīngmíng-qiánggàn , wéirén-chǔshì yě hěn yuánhuá , zhěnggè
精明强干、为人处事③也很圆滑④，整个

Róngguó Fǔ de shìwù bèi tā liàolǐ de jǐngjǐng-yǒutiáo .
荣国府的事务⑤被她料理得井井有条⑥。

Níngguó Fǔ Jiǎ Zhēn de xífu , Jiǎ Róng de fūrén Qín
宁国府贾珍的媳妇、贾蓉[2]的夫人秦

Kěqīng tūrán débìng qùshì le . Níngguó Fǔ xūyào bànlǐ
可卿突然得病去世了。宁国府需要办理

sāngshì , dàn Jiǎ Zhēn de fūrén Yóu shì shēngbìng le ,
丧事⑦，但贾珍[3]的夫人尤氏[4]生病了，

bù néng liàolǐ shìwù . Jiǎ Zhēn dānxīn bànlǐ sāngshì shí yǒu
不能料理事务。贾珍担心办理丧事时有

zhāodài kèrén bù zhōudào de dìfang , huì bèi wàirén xiàohua .
招待客人不周到的地方，会被外人笑话。

Zhèngzài yōulǜ shí , Bǎoyù gěi tā tuījiànle Wáng Xīfèng ,
正在忧虑⑧时，宝玉给他推荐了王熙凤，

shuō Fèngjiě yídìng kěyǐ zuòhǎo . Jiǎ Zhēn tīng le , fēicháng
说凤姐一定可以做好。贾珍听了，非常

gāoxìng .
高兴。

Jiǎ Zhēn zhǎodào Bǎoyù de mǔqin Wáng fūrén , qiú tā
贾珍找到宝玉的母亲王夫人，求她

tóngyì ràng Fèngjiě bāngzhù tā bànlǐ sāngshì . Běnlái Wáng
同意让凤姐帮助他办理丧事。本来王

fūrén dānxīn Fèngjiě méiyǒu bànguo sāngshì , pà tā liàolǐ bù
夫人担心凤姐没有办过丧事，怕她料理不

①泼辣 adj. bold and vigorous
e.g. 她是个泼辣的姑娘。

②料理 v. manage; attend to
e.g. 事情还没料理好，我怎么能走。

③为人处事 the way one conducts oneself in society; one's attitude towards life and behaviour in dealing with affairs in society
e.g. 你跟着你们领导好好学一学为人处事。

④圆滑 adj. slick and sly; tactful, smooth and evasive
e.g. 他刚刚参加工作，还不够圆滑老练。

⑤事务 n. affair; routine
e.g. 你等一下，我还要处理一些事务。

⑥井井有条 be kept in good order
e.g. 妈妈把家里收拾得井井有条。

⑦丧事 n. funeral
e.g. 他妈妈去世了，他要请假回去料理丧事。

⑧忧虑 v. worried; anxious; concerned
e.g. 不要忧虑了，事情一定会好起来的。

hǎo. Kěshì Jiǎ Zhēn yízài kǔkǔ qǐngqiú, bìngqiě Wáng
好。可是贾珍一再苦苦请求，并且王

Xīfèng yě xiǎng xiǎnshì zìjǐ de nénglì gěi dàjiā kànkan,
熙凤也想显示自己的能力给大家看看，

Wáng fūrén jiù dāying le. Jiǎ Zhēn qǔle Níngguó Fǔ de
王夫人就答应了。贾珍取了宁国府的

duìpái gěi Fèngjiě, shuō zhè yí gè yuè suǒyǒu de shìqing dōu
对牌 [5] 给凤姐，说这一个月所有的事情都

jiāogěi Wáng Xīfèng lái guǎnlǐ. Yīnwèi Wáng Xīfèng hái yào
交给王熙凤来管理。因为王熙凤还要

guǎnlǐ Róngguó Fǔ de rìcháng shìqing, suǒyǐ réngrán zhù
管理荣国府的日常事情，所以仍然住

Róngguó Fǔ, zhǐshì měi tiān zài Róngguó Fǔ hé Níngguó Fǔ
荣国府，只是每天在荣国府和宁国府

zhījiān láiwǎng.
之间来往。

Zhòngrén líkāi hòu, Wáng Xīfèng zài fángjiān li zuòzhe,
众人①离开后，王熙凤在房间里坐着，

xīn xiǎng, Níngguó Fǔ yǒu jǐ gè wèntí: dì-yī gè wèntí shì
心想，宁国府有几个问题：第一个问题是

rénkǒu hùnzá, róngyì diū dōngxi; dì-èr gè wèntí shì hěn
人口混杂②，容易丢东西；第二个问题是很

duō shìqing méiyǒu zhuānmén de rén guǎnlǐ, chūle wèntí
多事情没有专门的人管理，出了问题

dàjiā dōu bú fù zérèn; dì-sān gè wèntí shì fèiyong tài gāo,
大家都不负责任；第三个问题是费用太高，

yǒude rén kěnéng lǐngle dōngxi bú bànshì, Yě yǒude rén
有的人可能领③了东西不办事，也有的人

kěnéng bàn yí jiàn xiǎoshìr què lǐng hěn duō dōngxi; dì-sì gè
可能办一件小事儿却领很多东西；第四个

wèntí shì rènwu fēnpèi bù jūnyún; dì-wǔ gè wèntí shì duìdài
问题是任务分配不均匀；第五个问题是对待

púrén tài kuānsōng, yǒuxiē púrén bù fú guǎnjiào.
仆人太宽松④，有些仆人不服管教。

①众人 n. everyone; the crowd
e.g. 众人一听马上散了。
②混杂 v. be mingled together
e.g. 说话不要中英混杂。
③领 v. take; receive; get
e.g. 工会发的节日用品你领了吗？
④宽松 adj. loose; tolerant; not serious
e.g. 他对女儿的教育很宽松。

Níngguó Fǔ de zǒngguǎn   jiào Lái Shēng．Tīngshuō Wáng
宁国府的总管① 叫来升。听说王

Xīfèng yào zhǎngguǎn sāngshì， tā jiàoláile púrénmen， shuō：
熙凤要 掌 管 丧事，他叫来了仆人们，说：

"Dàjiā dōu yào xiǎoxīn， Liǎn èrnǎinai yāoqiú zuò de shìqing
"大家都 要小心， 琏二奶奶要求做的事情

dōu yào jìnlì zuòhǎo．Tā fēicháng lìhai．Měi tiān dàjiā
都要尽力做好。她非常厉害。每天大家

zǎodiǎn jíhé， wǎndiǎn xiūxi， nìngkě xīnkǔ zhè yí gè yuè
早点集合，晚点休息，宁可辛苦这一个月

zhīhòu zài fàngsōng， búyào diūle dàjiā de liǎn．"
之后再放松，不要丢了大家的脸。"

Dì-èr tiān，Wáng Xīfèng hěnzǎo jiù guòlai le．Tā xiān gēn
第二天，王 熙凤很早就过来了。她先跟

Lái Shēng de xífu fēnpài rènwu， shuō："Jìrán wěituōle
来升的媳妇分派任务，说："既然委托② 了

wǒ， jiù yào ànzhào wǒ shuō de zuò．"Zhè shíhou de Níngguó
我，就要按照我说的做。"这时候的宁国

Fǔ yípiàn hùnluàn， dànshì Fèngjiě píng tā de
府一片混乱③，但是凤姐凭她的

jīngmíng-qiánggàn， yīyī jìnxíng zhěngzhì．Púrénmen dōu
精明强干，一一进行整治④。仆人们都

zhīdao zìjǐ yīnggāi zuò de shì shénme， yě dōu yǒule zuòshì
知道自己应该做的是什么，也都有了做事

de zhòngxīn．Gè gè fángjiān yě bù diū dōngxi le， Níngguó
的重心。各个房间也不丢东西了，宁国

Fǔ yě búzài hùnluàn le．Wáng Xīfèng jiàn xiǎngdào de nàxiē
府也不再混乱了。王 熙凤见 想到的那些

wèntí dōu jiějué le， zìjǐ guǎnlǐ de xiàoguǒ hěn míngxiǎn，
问题都解决了，自己管理的效果很明显，

xīnzhōng shífēn déyì．
心中十分得意。

Yì tiān zài diǎnmíng shí， yǒu yí gè púrén méiyǒu
一天在点名⑤ 时，有一个仆人没有

①总管 n. head servant; butler

e.g. 刘家有一个总管和六个女仆。

②委托 v. entrust; delegate

e.g. 他委托我把这封信带给你。

③混乱 adj. in chaos; in disorder

e.g. 现场一片混乱，很多人受伤了。

④整治 v. regulate; work at

e.g. 工商部门将组织力量全面整治市场，保证春节市场稳定。

⑤点名 v. call the roll

e.g. 这堂课老师不点名。

①小的 (a humble way for servants to call themselves before their masters as a way to honour the masters)
e.g. 这件事不是小的干的，小的什么都不知道！

②过头 *adj.* overdone
e.g. 不说过头话，不做过头事。

③饶 *v.* be lenient with; forgive; spare
e.g. 这次就放过你，下次绝不轻饶！

④罚 *v.* punish; fine
e.g. 他开车超速了，被罚了 300 元。

⑤偷懒 *v.* idle and delay; goof off
e.g. 不要再为偷懒找借口了。

dào. Wáng Xīfèng mǎshàng mìnglìng rén bǎ nà gè púrén
到。王熙凤马上命令人把那个仆人
zhǎolái. Nà gè púrén shuō: "Xiǎode tiāntiān dōu lái de zǎo,
找来。那个仆人说："小的① 天天都来得早，
zhǐyǒu jīntiān shuì guòtóu le, cái láiwǎn le." Púrén
只有今天 睡过头② 了，才来晚了。"仆人
yízài qǐngqiú Wáng Xīfèng ráole tā. Wáng Xīfèng shuō:
一再请求 王 熙凤 饶③ 了他。 王 熙凤说：
"Míngtiān tā shuì guòtóu le, hòutiān wǒ yě shuì guòtóu le,
"明天他睡过头了，后天我也睡过头了，
yǐhòu dōu méiyǒu rén zuòshì le. Běnlái shì kěyǐ ráole nǐ
以后都没有人做事了。本来是可以饶了你
de, zhǐshì wǒ dì-yī cì bǎ yāoqiú fàngkuān le, xià cì jiù
的，只是我第一次把要求放宽了，下次就
hěn nán guǎnjiào qítā rén le." Tā lìjí yánsù qǐlai,
很难管教其他人了。"她立即严肃起来，
mìnglìng púrén shuō: "Dài chūqu, dǎ èrshí bǎnzi !"
命令仆人说："带出去，打二十板子[6] ！"
Ránhòu yòu shuō: "Ràng Lái Shēng fá tā yí gè yuè de
然后又说："让来升罚④他一个月的
gōngqian. Míngtiān zài yǒu dānwu de, dǎ sìshí bǎnzi
工钱。明天再有耽误的，打四十板子，
hòutiān jiù dǎ liùshí bǎnzi !" Zhèshí Níngguó Fǔ zhòng de
后天就打六十板子！"这时宁国府中的
púrénmen cái míngbai Wáng Xīfèng de lìhai, gèzì dōu
仆人们才明白 王 熙凤的厉害，各自都
rènzhēn gōngzuò, bù gǎn zài tōulǎn le.
认真工作，不敢再偷懒⑤ 了。
Wáng Xīfèng tóngshí chǔlǐ Róngguó Fǔ hé Níngguó Fǔ de
王 熙凤同时处理荣国府和宁国府的
shìqing, máng de tā lián chī fàn de shíjiān dōuméiyǒu, dànshì
事情，忙得她连吃饭的时间都没有，但是
tā xīnli què shífēn gāoxìng, yīnwèi zhè xiǎnde tā hěn
她心里却十分高兴，因为这显得她很

nénggàn . Jiǎ Fǔ shàngxià , rénrén dōu zài zànyáng tā
能 干。贾 府 上 下，人 人 都 在 赞 扬^① 她

jīngmíng-qiánggàn .
精 明 强 干。

①赞扬 v. speak highly of
e.g. 乘客们对这位司机
师傅的文明服务给予了
高度赞扬。

一、词语注释 Notes

1. 琏二奶奶 Madam Lian (wife of the Second Master Lian)

"奶奶" 是对大家族中已婚的年轻女主人的尊称。王熙凤的丈夫
贾琏是贾赦的二儿子，因此，贾府中的仆人称呼王熙凤为琏二奶
奶，以示尊敬。

奶奶 is a respectful way to address the wife of a young master of a big
household. Wang Xifeng's (王 熙 凤) husband, Jia Lian (贾 琏), is
the second son of Jia She. The servants in Jia's family address Wang
Xifeng as Madam Lian (wife of the Second Master Lian) to show their
respect.

2. 贾蓉 Jia Rong

宁国府最年轻的继承人，贾珍的儿子。

Jia Zhen's son, the youngest heir in Ningguo Mansion.

3. 贾珍 Jia Zhen

宁国府的当家人，贾敬的儿子，贾蓉的父亲。他生活放纵，贪得
无厌。

Master of Ningguo Mansion, son of Jia Jing (贾敬) and father of Jia Rong.

He is greedy and leads an extravagant, self-indulgent life.

4. 尤氏 Madam You

贾珍的妻子，贾蓉的继母。她性格温顺，负责管理宁国府的日常事务。

Jia Zhen's wife, Jia Rong's stepmother. She has a gentle personality and takes charge of the daily affairs of Ningguo Mansion.

5. 对牌 tally

用竹、木制成的授权信物，经常用于像贾府这样的大家庭中。持有对牌的人可以在家族的书房账房领取钱物。贾珍将"对牌"给了王熙凤，让她掌管宁国府的家族事务，为期一个月。

A two-piece wooden or bamboo object used in ancient China as proof of authority. One half of a tally could be issued to a member or servant of big families like the Jia's to withdraw money or articles from the family's book-keeper or central storage. Jia Zhen gives the tallies to Wang Xifeng, authorizing her to handle his household affairs for a month.

6. 打二十板子 administer 20 blows with a paddle

"板子"是一种长条状的竹板或者木板，用作家族、法庭或军队的惩罚用具。"打二十板子"指用板子打二十下。本故事中，一个仆人工作迟到了，王熙凤让其他仆人打他二十板子作为惩罚。

A form of punishment performed by beating a person with a paddle. 板子 refers to the strip of bamboo or paddle of wood used for corporal punishment in a family, court, the military, etc. in the past. 打二十板子 refers to administering 20 blows with this kind of instrument. In the story, when one servant is late for work, Wang Xifeng (王熙凤) orders other servants to administer 20 blows with a paddle on him.

二、思考题 Reading Comprehension Questions

1. 宁国府发生了什么事使贾珍忧虑?
2. 贾宝玉推荐谁管理宁国府的事?
3. 宁国府为什么混乱?
4. 仆人因为什么原因迟到了? 王熙凤是怎么罚这个仆人的?

五、元妃[1]省亲[2]

Wǔ, Yuánfēi xǐngqīn

Guide to reading:

Jia Yuanchun（贾元春）, also referred to as Consort Yuan（元妃）, is the eldest sister of Baoyu（宝玉）. Yuanchun is selected into the imperial palace as woman scribe, and becomes an imperial concubine later. One year, the emperor allows the imperial concubines to visit and reunite with their families. With the emperor's permission, Consort Yuan is allowed to return to her family on the Lantern Festival（元宵节）. The whole family is overjoyed with the news and gets busy building a space for the reunion. Upon her visit, Consort Yuan names the space the Grand View Garden（大观园）. As part of the entertainment, Consort Yuan asks Baoyu and her female cousins to write poems to praise the beautiful garden. Everyone weeps when Consort Yuan has to leave for the imperial palace.

故事正文 Story

Yǒu yì tiān, dàjiā zài yìqǐ qìngzhù Jiǎ Zhèng de shēngrì,
有一天，大家在一起庆祝贾政的生日，

fēicháng rènao. Hū rán, huánggōng li de tàijiàn lái le.
非常热闹。忽然，皇宫里的太监① 来了。

Dàjiā dōu bù zhīdao shì shénme shìqing, fēicháng jǐnzhāng,
大家都不知道是什么事情，非常紧张，

lìkè shōushile yànxí hé chǎngdì, guì zài dì shang,
立刻收拾了宴席② 和场地，跪③ 在地上，

tīng nà gè tàijiàn xuāndú shèngzhǐ. Tàijiàn shuō
听那个太监宣读④ 圣旨[3]。太监说

huángshang yào jiàn Jiǎ Zhèng, yúshì Jiǎ Zhèng jímáng huànle
皇上⑤ 要见贾政，于是贾政急忙换了

guānfú qù huánggōng. Jiǎ mǔ děng rén dōu zài jiā li zháojí
官服⑥ 去皇宫。贾母等人都在家里着急

de děngdài xiāoxi.
地等待消息。

Yuánlái, Jiǎ Fǔ chūle yí jiàn dà xǐshì : Jiǎ Zhèng
原来，贾府出了一件大喜事⑦：贾政

de nǚ'ér Jiǎ Yuánchūn bèi huángshang fēngwéi Yuánfēi. Érqiě
的女儿贾元春被皇上封⑧为元妃。而且

huángshang tǐtiē fēizimen, kǎolǜ dào tāmen zài huánggōng
皇上体贴妃子们，考虑到她们在皇宫

li zhùle zhème duō nián, kěndìng xiǎngniàn jiārén, suǒyǐ
里住了这么多年，肯定想念家人，所以

huángshang yǔnxǔ tāmen de jiārén měi gè yuè dōu kěyǐ jìn
皇上允许她们的家人每个月都可以进

huánggōng qù kànwàng.
皇宫去看望。

Zhè cì huángshang xiàle shèngzhǐ, yǔnxǔ fēizimen huí
这次皇上下了圣旨，允许妃子们回

jiā kànwàng jiārén. Yuánfēi yě kěyǐ huí jiā kànwàng qīnrén
家看望家人。元妃也可以回家看望亲人

① 太监 n. eunuch
e.g. 太监是在皇宫里伺候皇帝的人。

② 宴席 n. feast; banquet
e.g. 为了迎接客人的到来，我们准备了一桌丰盛的宴席。

③ 跪 v. kneel down
e.g. 男子汉大丈夫，跪天跪地跪父母。

④ 宣读 v. make a proclamation
e.g. 他在大会上宣读了自己的论文。

⑤ 皇上 n. His Majesty; emperor
e.g. 多谢皇上不杀之恩！

⑥ 官服 n. court dress; robe
e.g. 他不得不整理一下官服，走到二门外去迎接。

⑦ 喜事 n. joyous occasion
e.g. 民间传说，听见喜鹊叫有喜事。

⑧ 封 v. be appointed
e.g. 皇帝封他为大将军。

le . Zhěnggè Jiǎ Fǔ de rén dōu hěn huānxǐ , kāishǐ wèi
了。整个贾府的人都很欢喜①，开始为

Yuánfēi xǐngqīn zuò gè zhǒng zhǔnbèi . Shǒuxiān , xūyào xiūjiàn
元妃省亲做各种准备。首先，需要修建

yí zuò háohuá de zháiyuàn zuòwéi Yuánfēi de Xǐngqīn Biéshù ,
一座豪华的宅院作为元妃的省亲别墅②，

Yuánfēi huí jiā de shíhou , kěyǐ zài lǐmiàn xiūxi , wánlè .
元妃回家的时候，可以在里面休息、玩乐。

Lìngwài , hái yào zhǔnbèi shíwù hé jiājù , zēngjiā púrén ,
另外，还要准备食物和家具，增加仆人，

ānpái yànxí hé yóuwán děngděng . Suǒyǒu de rén dōu fēicháng
安排宴席和游玩等等。所有的人都非常

máng . Yuánfēi xǐngqīn de shíjiān dìng zài dì-èr nián de Yuánxiāo
忙。元妃省亲的时间订在第二年的元宵

Jié .
节。

　　Zài niándǐ de dōngtiān , Lín Dàiyù de fùqin Lín Rúhǎi
　　在年底的冬天，林黛玉的父亲林如海

jìláile yì fēng xìn , shuō zìjǐ déle zhòngbìng , xīwàng
寄来了一封信，说自己得了重病，希望

Lín Dàiyù huíqu kànkan . Jiǎ mǔ zhīdaole fēicháng nánguò ,
林黛玉回去看看。贾母知道了非常难过，

gǎnmáng ràng Dàiyù shōushi dōngxi huí jiā kànwàng fùqin .
赶忙让黛玉收拾东西回家看望父亲。

Bǎoyù juéde Dàiyù bú zài zìjǐ de shēnbiān , xīnli hěn bù
宝玉觉得黛玉不在自己的身边，心里很不

shūfu , dànshì yīnwèi Dàiyù shì qù kànwàng shēngbìng de
舒服，但是因为黛玉是去看望生病的

fùqin , yě bù hǎo zǔlán . Jiǎ mǔ ràng Jiǎ Liǎn sòng Dàiyù
父亲，也不好阻拦③。贾母让贾琏送黛玉

huíqu , děng shìqing bànwán le , zài bǎ tā dài huílai . Méi
回去，等事情办完了，再把她带回来。没

guò duō jiǔ , Lín Rúhǎi qùshì le . Jiǎ Liǎn yòu dàizhe Dàiyù
过多久，林如海去世了。贾琏又带着黛玉

①欢喜 adj. joyful; happy
e.g. 听说女儿要放假回
家了，她满心欢喜。
②别墅 n. a great mansion
with gardens; a villa
e.g. 他的别墅在山里。
③阻拦 v. prevent ... from;
discourage
e.g. 我做什么事情你都
不要阻拦我。

sòng líng dào sūzhōu, gǎn zài Yuánfēi xǐngqīn zhīqián huídào
送灵①到苏州，赶在元妃省亲之前回到
Jiǎ Fǔ.
贾府。

Yǎnkàn zhēngyuè shíwǔ de Yuánxiāo Jié jiù kuài dào le.
眼看正月十五的元宵节②就快到了。
Cóng zhēngyuè chūbā kāishǐ, huánggōng li jiù pài tàijiàn
从正月初八开始，皇宫里就派太监
guòlai kàn Jiǎ Fǔ de zhǔnbèi qíngkuàng, yòu yǒu xǔduō xiǎo
过来看贾府的准备情况，又有许多小
tàijiàn dǎsǎo jiēdào. Jiǎ Shè fùzé yānhuā hé dēnghuǒ de
太监打扫街道。贾赦负责烟花③和灯火的
bùzhì. Jiǎ Fǔ nèi suǒyǒu rén dōu yào xuéxí huánggōng li
布置④。贾府内所有人都要学习皇宫里
de guīju hé lǐyí.
的规矩和礼仪⑤。

Zhōngyú dàole Yuánxiāo Jié zhè yì tiān, Jiǎ Fǔ nèi bùzhì
终于到了元宵节这一天，贾府内布置
de fēicháng piàoliang hé shēhuá. Dàole wǎnshang, suǒyǒu
得非常漂亮和奢华⑥。到了晚上，所有
rén dōu zài dàmén wài děnghòu. Zhěng tiáo jiē dōu ān'ānjìngjìng.
人都在大门外等候。整条街都安安静静。
Zhèshí, láile yí wèi tàijiàn, shuō Yuánfēi niángniang yào
这时，来了一位太监，说元妃娘娘⑦要
wǎnshang qīdiǎn dào jiǔdiǎn cái néng huílai. Yúshì, dàjiā
晚上七点到九点才能回来。于是，大家
dōu huí fáng li děngzhe.
都回房里等着。

Bàngwǎn de shíhou, dàjiā yòu láidào dàmén wài
傍晚的时候，大家又来到大门外
děnghòu. Guòle yíhuìr, yuǎnchù chuánlái xǐqìng de
等候。过了一会儿，远处传来喜庆的
yīnyuè. Mànmàn de, yí duì tàijiàn qízhe mǎ guòlai le.
音乐。慢慢地，一队太监骑着马过来了。

①送灵 v. have one's bones buried and bring one's spirit to peace
e.g. 市民自发走上街头为牺牲的民警送灵。
②元宵节 n. Lantern Festival
e.g. 中国人过元宵节时要吃元宵。
③烟花 n. fireworks and firecrackers
e.g. 烟花满天，非常美丽。
④布置 v. make arrangements for
e.g. 她把家里布置得很温馨。
⑤礼仪 n. etiquette
e.g. 学习社交礼仪是成功人士的必修课。
⑥奢华 adj. luxurious and extravagant
e.g. 他是个富二代，过着奢华的生活。
⑦娘娘 n. respectful address to an empress or imperial concubine
e.g. 这些珠宝都是皇后娘娘赏赐的。

Yòu guòle yíhuìr ， Yuánfēi chéngzuò de háohuá mǎchē yě
又 过 了 一 会 儿 ， 元 妃 乘 坐 的 豪 华 马 车 也

dào le . Dàjiā liánmáng guìxià ， jǐ gè tàijiàn pǎo guòlai
到 了 。 大 家 连 忙 跪 下 ， 几 个 太 监 跑 过 来

fúqǐ Jiǎ mǔ děng rén . Zhèshí ， mǎchē jìnrù Jiǎ Fǔ dàmén .
扶 起 贾 母 等 人 。 这 时 ， 马 车 进 入 贾 府 大 门 。

Yuánfēi kànjiàn Róngguó Fǔ xiūjiàn de zhème piàoliang ， shuō ：
元 妃 看 见 荣 国 府 修 建 得 这 么 漂 亮 ， 说 ：

" Tài shēhuá làngfèi le ！ " Jiēzhe ， Yuánfēi shàngle yì tiáo
" 太 奢 华 浪 费 了 ！ " 接 着 ， 元 妃 上 了 一 条

xiǎochuán ， guānshǎng① hú② shang de fēngjǐng .
小 船 ， 观 赏 ① 湖 ② 上 的 风 景 。

Cóng chuán shang xiàlai yǐhòu ， Yuánfēi jìnrù dàtīng③
从 船 上 下 来 以 后 ， 元 妃 进 入 大 厅 ③

zuòxià . Jiǎ Fǔ suǒyǒu rén dōu lái guìbài . Ránhòu ， Yuánfēi
坐 下 。 贾 府 所 有 人 都 来 跪 拜 ④ 。 然 后 ， 元 妃

yòu láidào Jiǎ mǔ de fángjiān . Yuánfēi zhèng yào xiàng Jiǎ mǔ
又 来 到 贾 母 的 房 间 。 元 妃 正 要 向 贾 母

guìbài de shíhou ， Jiǎ mǔ hé qítā rén dōu jímáng guìxià
跪 拜 的 时 候 ， 贾 母 和 其 他 人 都 急 忙 跪 下

zǔzhǐ tā . Yuánfēi lèiliú-mǎnmiàn ， yì shǒu lāzhe Jiǎ mǔ ，
阻 止 她 。 元 妃 泪 流 满 面 ， 一 手 拉 着 贾 母 ，

yì shǒu fúzhe Wáng fūrén . Tāmen sān rén yǒu hǎoduō huà
一 手 扶 着 王 夫 人 。 她 们 三 人 有 好 多 话

xiǎngshuō ， què yòu bù zhīdao cóng nǎ li shuōqǐ ， zhǐshì bù
想 说 ， 却 又 不 知 道 从 哪 里 说 起 ， 只 是 不

tíng de liúlèi . Qítā nǚrénmen yě zhàn zài pángbiān liúlèi .
停 地 流 泪 。 其 他 女 人 们 也 站 在 旁 边 流 泪 。

Yuánfēi rěnzhù yǎnlèi ， xiàozhe ānwèi dàjiā ：" Āi ， wǒ
元 妃 忍 住 眼 泪 ， 笑 着 安 慰 大 家 ：" 唉 ， 我

hǎobù róngyì huí tàng jiā ， bù shuōshuōxiàoxiào ， què zài
好 不 容 易 回 趟 家 ， 不 说 说 笑 笑 ， 却 在

kū ！ Wǒ yíhuìr zǒu le ， yòu bù zhīdao shénme shíhou cái
哭 ！ 我 一 会 儿 走 了 ， 又 不 知 道 什 么 时 候 才

①观赏 v. enjoy the sight of
e.g. 文竹是一种观赏植物。
②湖 n. lake
e.g. 湖里有好多鱼。
③大厅 n. hall; lobby
e.g. 新郎新娘在大厅里迎接客人。
④跪拜 v. salute on bended knees
e.g. 在中国的传统婚礼上，新郎新娘要先跪拜天地。

néng zài jiàn dàjiā le！"　Yuánfēi shuōwán，　yòu kūle
能 再见大家了！"元妃说完，又哭了

qǐlai。　Yúshì，　dàjiā hùxiāng ānwèi，　dōu bù kū le，
起来。于是，大家互相安慰，都不哭了，

yìqǐ　zuòxià liáotiān。
一起坐下聊天。

　Zhè shíhou，　fùqin Jiǎ Zhèng lái bàijiàn Yuánfēi。　Jiǎ
这时候，父亲贾 政 来拜见元妃。贾

Zhèng yǎn li hánzhe lèishuǐ。　Tā ràng Yuánfēi zhàogù hǎo
政 眼里含着泪水。他让元妃 照顾好

zìjǐ，　búyào tài xiǎngniàn jiā li。Yuánfēi yě kū le，ràng
自己，不要太想念家里。元妃也哭了，让

Jiǎ Zhèng yídìng bǎozhòng①　shēntǐ。Hòulái，Jiǎ Zhèng shuō
贾 政 一定保重① 身体。后来，贾 政 说

yuánzi li suǒyǒu de jǐngdiǎn②　dōushì Bǎoyù tící③　de。
园子里所有的景点② 都是宝玉题词③ 的。

Yuánfēi xiàozhe shuō：" Kànlái Bǎoyù xuéyè④ jìnbù hěn dà
元妃笑着说："看来宝玉学业④ 进步很大

a！"Yúshì Bǎoyù jìnlai bàijiàn Yuánfēi。Yuánfēi yí jiàn
啊！"于是宝玉进来拜见元妃。元妃一见

Bǎoyù jiù bǎ tā bàozhù，xiǎngdào zìjǐ hé dìdi zhème duō
宝玉就把他抱住，想到自己和弟弟这么多

nián méi jiàn，tā yòu luòxià lèi lái。
年没见，她又落下泪来。

　Yóu shì hé Fèngjiě jìnlai le，shuō yànxí yǐjīng zhǔnbèi
尤氏和凤姐进来了，说宴席已经准备

hǎo le，qǐng Yuánfēi guānshǎng Xǐngqīn Biéshù，ránhòu
好了，请元妃 观 赏 省亲别墅，然后

jìnrù yànxí。Yúshì，Yuánfēi hé dàjiā láidào yuán zhōng
进入宴席。于是，元妃和大家来到园 中

yóulǎn。Měi yí gè dìfang dōu fēicháng měilì，shēhuá。
游览。每一个地方都非常美丽、奢华。

Yuánfēi ràng rén nálái zhǐ hé bǐ，gěi yuánzi qǔmíng jiàozuò
元妃让人拿来纸和笔，给园子取名叫作

①保重 v. (used to express concern about sb.'s health) take good care of
e.g. 大家保重，我会回来看你们的！
②景点 n. scenic spot
e.g. 故宫是北京著名的景点。
③题词 v. write a few words of encouragement, appreciation or commemoration
e.g. 毛泽东给少年儿童题词："好好学习，天天向上。"
④学业 n. one's study; school work
e.g. 他在牡丹江度过了大学时代并完成了学业。

"Dàguān Yuán", yòu jiāng yuánzi li kěyǐ zhù de fángwū
"大观园[4]",又将园子里可以住的房屋

fēnbié qǔmíng wéi "Xiāoxiāng Guǎn" "Yíhóng Yuàn" "Héngwú
分别取名为"潇湘馆""怡红院""蘅芜

Yuàn" hé "Huàngě Shānzhuāng", děngděng.
苑"和"浣葛山庄",等等。

Yuánfēi xiàozhe shuō:"Jiěmèimen dōu zhīdao, wǒ bú
元妃笑着说:"姐妹们都知道,我不

shàncháng① xiě shī. Kěshì zhèli de fēngjǐng tài měi, wǒ
擅长①写诗。可是这里的风景太美,我

rěnbuzhù qǔle jǐ gè míngzi, xiànchǒu le! Děng wǒ
忍不住取了几个名字,献丑了②!等我

yǒukòng de shíhou, yídìng hǎohāo de bǔshàng《Dàguān Yuán
有空的时候,一定好好地补上《大观园

Jì》hé《Xǐngqīn Sòng》děng wénzhāng, lái jìniàn jīntiān
记》和《省亲颂》等文章,来纪念今天

de shìqing. Jiěmèimen dōu lái xiě shī ba, měi rén xiě yì shǒu.
的事情。姐妹们都来写诗吧,每人写一首。

Gāngcái wǒ tīngshuō Bǎoyù xuéyè jìnbù, suǒyǐ Bǎoyù yě yào
刚才我听说宝玉学业进步,所以宝玉也要

xiě. Wǒ zuì xǐ'ài Xiāoxiāng Guǎn hé Héngwú Yuàn. Yíhóng
写。我最喜爱潇湘馆和蘅芜苑。怡红

Yuàn hé Huàngě Shānzhuāng yě fēicháng piàoliang. Bǎoyù,
院和浣葛山庄也非常漂亮。宝玉,

nǐ jiù gěi zhè sì gè dìfang fēnbié xiě yì shǒu shī ba." Bù
你就给这四个地方分别写一首诗吧。"不

yíhuìr, Yíngchūn, Tànchūn, Xīchūn, Lǐ Wán,
一会儿,迎春、探春、惜春、李纨、

Bǎochāi hé Dàiyù dōu náchūle zìjǐ xiě de shī, Yuánfēi
宝钗和黛玉都拿出了自己写的诗,元妃

chēngzàn:"Bǎochāi hé Dàiyù de shī xiě de zuì hǎo! Wǒ jiā
称赞:"宝钗和黛玉的诗写得最好!我家

de jiěmèimen bǐbushàng ne!"
的姐妹们比不上呢!"

①擅长 v. be adept at
e.g. 她擅长打乒乓球。
②献丑 v. (a modest
expression of speaking
of one's performance)
e.g. 我的字写得不好,就
不在大家面前献丑了!

Dàiyù běnlái dǎsuàn zài jīnwǎn hǎohāo de biǎoxiàn zìjǐ
黛玉本来打算在今晚好好地表现自己

de shīgē cáinéng, kěshì Yuánfēi zhǐ ràng dàjiā xiě yì shǒu.
的诗歌才能，可是元妃只让大家写一首。

Yīncǐ, tā yǒudiǎn bù gāoxìng, jiù suíbiàn xiěle yì shǒu.
因此，她有点不高兴，就随便写了一首。

Bǎoyù yào xiě sì shǒu, zhèngzài xīnkǔ de sīkǎo. Tā
宝玉要写四首，正在辛苦地思考。他

xīnzhōng shuō: "Āi, zhème guānjiàn de shíkè, wǒ què
心中说："唉，这么关键的时刻，我却

shénme hǎo shījù dōuxiǎng bù chūlai！" Bǎochāi chèn dàjiā
什么好诗句都想不出来！"宝钗趁大家

bú zhùyì, tíxǐngle tā jǐ jù, Dàiyù qiāoqiāo de bāng tā
不注意，提醒了他几句，黛玉悄悄地帮他

xiěle "Xìnglián Zàiwàng" zhè shǒu shī. Zuìhòu, Bǎoyù bǎ
写了"杏帘在望"这首诗。最后，宝玉把

sì shǒu shī yìqǐ jiāo gěi Yuánfēi.
四首诗一起交给元妃。

Yuánfēi kànle zhè sì shǒu shī, fēicháng gāoxìng:
元妃看了这四首诗，非常高兴：

"Bǎoyù guǒrán jìnbùle hěn duō a！ Yóuqí shì 'Xìnglián
"宝玉果然进步了很多啊！尤其是'杏帘

Zàiwàng' zhè shǒu shī, xiě de zuì hǎo！ Lǐmiàn de 'shí lǐ
在望'这首诗，写得最好！里面的'十里

dàohuā xiāng' zhè yí jù shī, xiě de zhēn měi！" Yīncǐ,
稻花香'这一句诗，写得真美！"因此，

Yuánfēi yòu bǎ "Huàngě Shānzhuāng" gǎichéngle "Dàoxiāng
元妃又把"浣葛山庄"改成了"稻香

Cūn".
村"。

Yuánfēi shǎngcìle dàjiā xǔduō dōngxi, dàjiā dōu
元妃赏赐①了大家许多东西，大家都

guìxià gǎnxiè Yuánfēi. Zhè shíhou, tàijiàn lái bàogào:
跪下感谢元妃。这时候，太监来报告：

①赏赐 v. grant a reward
e.g. 皇帝一高兴，赏赐
了他好多银子。

"Shíjiān dào le, qǐng niángniang huí gōng." Yuánfēi rěnbuzhù
"时间到了，请娘娘回宫。"元妃忍不住

yòu liúlèi le, jǐnjǐn zhuāzhù Jiǎ mǔ hé Wáng fūrén de shǒu,
又流泪了，紧紧抓住贾母和王夫人的手，

shěbude fàngkāi. Tā shuō: "Bié tài dānxīn wǒ! Wǒ zài
舍不得放开。她说："别太担心我！我在

huánggōng li guò de hěn hǎo. Nǐmen yídìng yào hǎohāo
皇宫里过得很好。你们一定要好好

bǎozhòng shēntǐ! Huángshang hěn réncí, jīnhòu wǒmen
保重身体！皇上很仁慈①，今后我们

jiànmiàn bǐ yǐqián gèng róngyì le! Rúguǒ míngnián huángshang
见面比以前更容易了！如果明年皇上

hái tóngyì wǒ huílai kàn nǐmen, bié zài zhème shēhuá làngfèi
还同意我回来看你们，别再这么奢华浪费

le!" Dàjiā dōu kū le. Yuánfēi fēicháng shěbude dàjiā,
了！"大家都哭了。元妃非常舍不得大家，

què yě bìxū huí gōng qù le.
却也必须回宫去了。

①仁慈 *adj.* benevolent;
kind-hearted
e.g. 这么多年过去了，
她变成了一个仁慈的老
太太。

一、词语注释 Notes

1. 元妃 Consort Yuan

本名贾元春，贾政与王夫人的大女儿，贾宝玉的姐姐。
最初元春被送进皇宫做女史，后被皇帝封为妃子。

Jia Yuanchun, the eldest daughter of Jia Zheng and Madam Wang and an elder sister of Baoyu. Yuanchun is first selected as a woman scribe in the imperial palace. Later she is made an imperial concubine.

2. 省亲 pay a visit to one's parents

过去指女子结婚后回娘家探望父母亲人。通常古代皇家
妃子没有皇帝的允许是不能离开皇宫的，省亲对一个妃
子的娘家来说是一件很荣耀的大事。现在，省亲指居住
外地的子女回家探望父母。

A reunion of a married woman with her own family. Generally speaking, in ancient times imperial concubines were not allowed to leave the palace without the emperor's permission. Accordingly, such an occasion was considered a great honour for the imperial concubine's family. Nowadays the phrase 省亲 refers to a visit to one's parents when one lives in another place.

3. 圣旨 imperial edict

指封建社会里皇帝的命令。古时候，人们要跪在地上

听皇宫的官员宣读圣旨。这是对皇帝表示尊敬的跪拜礼节。

Orders from the emperor in feudal China. People were meant to kneel while listening to the reading of the imperial edict, which was a show of respect for the emperor.

4. 大观园 Grand View Garden

贾府专门为元妃省亲修建的一座宏伟壮观的园子，里面有好几处漂亮的住房。元妃省亲后，宝玉、黛玉、宝钗还有其他姐妹们都搬到大观园里面住。

A gigantic and beautiful garden built by the Jia family especially for the family reunion with Consort Yuan. It has several beautiful residential areas that Baoyu (宝玉), Daiyu (黛玉), Baochai (宝钗) and other young female family members and relatives later move into.

二、思考题 Reading Comprehension Questions

1. 贾府有了什么喜事？
2. 元妃省亲是哪一天？
3. 元妃给省亲别墅取了什么名字？
4. 元妃说谁写的诗最好？

六、宝黛共读《西厢记》

Guide to reading:

When Consort Yuan (元妃) is back in the imperial palace, she sends a message home saying that Baoyu (宝玉) and her female cousins could move into the Grand View Garden (大观园) so that the effort made to build the beautiful place would not be in vain. So they move in. Baoyu is smart, but he hates to study what is required by his father. Instead of reading for the imperial civil exams, he likes reading romance and love stories. One of his servant boys buys these books in a printing house and Baoyu starts to read the books in private. One day when he is reading a book under a peach tree, petals fall all over him. He walks to the pond and puts the petals in the water. The petals drift away with the water. Daiyu (黛玉) comes by and suggests burying the petals in a flower tomb. She believes that the water will carry the petals to the outside world and thus stain them. They read the romance together afterwards and tender love also begins to sprout at the bottom of their hearts.

故事正文 Story

Yuánfēi huídào huánggóng, xiǎngqǐ huí jiā xǐngqīn shí
元妃回到皇宫，想起回家省亲时

kàndào de Dàguān Yuán. Zhème piàoliang de Dàguān Yuán què
看到的大观园。这么漂亮的大观园却

shì zhuānmén wèi zìjǐ yí gè rén xiū de. Yuánfēi xiǎngdào,
是专门为自己一个人修的。元妃想到，

zìjǐ bú zài jiā zhù, Jiǎ Zhèng kěndìng huì guānbì Dàguān
自己不在家住，贾政肯定会关闭大观

Yuán, zhèyàng jiù báibái làngfèile Dàguān Yuán de měijǐng le.
园，这样就白白浪费了大观园的美景了。

Xiànzài jiā li de jiěmèimen dōu huì xiě shī, kěyǐ ràng tāmen
现在家里的姐妹们都会写诗，可以让她们

zhù zài Dàguān Yuán, yìbiān xīnshǎng Dàguān Yuán de měijǐng,
住在大观园，一边欣赏大观园的美景，

yìbiān zuòshī. Bǎoyù cóngxiǎo hé jiěmèimen yìqǐ zhǎngdà,
一边作诗。宝玉从小和姐妹们一起长大，

tā yě yīnggāi zhù jìnqu. Yúshì, Yuánfēi bǎ zìjǐ de
他也应该住进去。于是，元妃就把自己的

xiǎngfǎ gàosule Jiǎ Zhèng, Jiǎ Zhèng ànzhào Yuánfēi
想法告诉了贾政，贾政按照元妃

niángniang de ānpái, ràng púrénmen bǎ Dàguān Yuán dǎsǎo
娘娘的安排，让仆人们把大观园打扫

gānjìng, xuǎnle gè liángchén-jírì, ràng dàjiā bān jìnqu.
干净，选了个良辰吉日①，让大家搬进去。

Bǎochāi zhù Héngwú Yuàn, Dàiyù zhù Xiāoxiāng Guǎn, Yíngchūn
宝钗住蘅芜苑，黛玉住潇湘馆，迎春

zhù Zhuìjǐn Lóu, Tànchūn zhù Qiūshuǎng Zhāi, Xīchūn zhù Liǎofēng
住缀锦楼，探春住秋爽斋，惜春住蓼风

Xuān, Lǐ Wán zhù Dàoxiāng Cūn, Bǎoyù zhù Yíhóng Yuàn.
轩，李纨住稻香村，宝玉住怡红院。

Yǒu yì tiān, Bǎoyù xīnqíng bù hǎo, juéde zuò shénme
有一天，宝玉心情不好，觉得做什么

①良辰吉日 a lucky and auspicious day
e.g. 你们俩快点选个良辰吉日，把婚事办了吧!

dōu méiyǒu xìngqù, xīnli zhǐ xiǎngzhe Jiǎ Fǔ wàimiàn de nánnǚ
都没有兴趣，心里只想着贾府外面的男女

àiqíng de yìxiē shì. Yí gè jiào Míngyān de niánqīng púrén
爱情的一些事。一个叫茗烟的年轻仆人

xiǎng ràng Bǎoyù gāoxìng, jiù cóng wàimiàn mǎile xǔduō
想让宝玉高兴，就从外面买了许多

yánqíng xiǎoshuō gěi Bǎoyù. Bǎoyù fēicháng xǐhuan, wūzi
言情小说① 给宝玉。宝玉非常喜欢，屋子

li méi rén de shíhou jiù ná chūlai kàn.
里没人的时候就拿出来看。

Sānyuè li de yì tiān, Bǎoyù nále yì běn《Xīxiāng
三月里的一天，宝玉拿了一本《西厢

Jì》, zuò zài yí zuò xiǎo qiáo biān de táoshù xià dú lǐmiàn
记》[1]，坐在一座小桥边的桃树下读里面

de gùshi. Hūrán, yí zhèn wēifēng chuīlái, shù shang de
的故事。忽然，一阵微风② 吹来，树上的

huābàn luò zài Bǎoyù de shēnshang hé shū shang. Bǎoyù xiǎng
花瓣③ 落在宝玉的身上和书上。宝玉想

dǒuyidǒu yīfu, bǎ huābàn dǒudiào, kěshì tā yòu pà
抖④ 一抖衣服，把花瓣抖掉，可是他又怕

zhèxiē huābàn diào zài dì shang bèi rénmen cǎihuài le, yúshì,
这些花瓣掉在地上被人们踩坏了，于是，

tā qiānqǐ yījīn, dōuzhe huābàn, láidào shuǐchí pángbiān,
他牵⑤ 起衣襟，兜着花瓣，来到水池旁边，

bǎ huābàn dǒuluò zài chíshuǐ li, zhèxiē huābàn suízhe chíshuǐ
把花瓣抖落在池水里，这些花瓣随着池水

mànmàn de piāozǒu le. Bǎoyù huídào shù xià, kànzhe dì
慢慢地漂⑥ 走了。宝玉回到树下，看着地

shang de huābàn zhèngzài chūshén, tūrán bèihòu xiǎngqǐ yí
上的花瓣正在出神⑦，突然背后响起一

gè shēngyīn:"Nǐ zài zhèli gànmá ne?" Bǎoyù huítóu yí
个声音:"你在这里干吗呢?"宝玉回头一

kàn, yuánlái shì Dàiyù.
看，原来是黛玉。

①言情小说 romance; romantic fiction
e.g. 她喜欢看言情小说，也喜欢看电视剧。

②微风 *n.* gentle breeze
e.g. 微风一吹，他清醒了许多。

③花瓣 *n.* petal
e.g. 这朵梅花有五个花瓣。

④抖 *v.* shake off
e.g. 快把你身上的雪抖一抖。

⑤牵 *v.* hold
e.g. 妈妈牵着女儿的手过马路。

⑥漂 *v.* float way; drift away
e.g. 远远漂过来一只小船。

⑦出神 *v.* be lost in thought
e.g. 她呆呆地坐在那里出神。

宝玉笑着说："你来得正好。我们一起把这些花瓣都洒在水池里吧！"黛玉说："洒在水池里不好。虽然这里的水干干净净，可是这些水会流到外面去，外面的脏水还是会污染了这些花瓣的。我在那边角落里有一个花冢[2]。把花瓣装在这袋子①里，然后埋②在土里，花瓣会慢慢地化③在土里，这样就不会被污染了！"

宝玉听了，高兴地说："太好了！我放下书来帮你！"黛玉忙问："什么书？"宝玉一下子紧张了起来："只是《中庸》和《大学》[3]。"黛玉说："别骗人了！快拿出来给我看看！"宝玉急忙说："好妹妹，你看见了没关系，要是别人知道了，那就不好了！你看了以后千万别告诉别人啊！这些都是好文章呢，你一定喜欢！"

①袋子 *n.* bag
e.g. 袋子里有一个苹果。
②埋 *v.* bury
e.g. 他把金子埋在了树下。
③化 *v.* dissolve; melt
e.g. 太阳出来了，地上的冰都化了。

①入迷 v. be fascinated; be absorbed in

e.g. 奶奶讲故事讲得非常生动，她听得入了迷。

②诗词 n. poem

e.g. 中国的古代诗词深深地吸引了我。

③欺负 v. take advantage of; bully

e.g. 当哥哥的不要欺负妹妹。

④过目不忘 photographic memory (have a good memory)

e.g. 她有过目不忘的本领，播音稿看完一遍就能记住。

⑤一目十行 take in ten lines at a glance (read rapidly)

e.g. 他看书一目十行，一本十万字的小说不到一个小时就看完了。

Yúshì, Dàiyù yě kāishǐ kàn nà běn《Xīxiāng Jì》.
于是，黛玉也开始看那本《西厢记》。

Tā yuè kàn yuè xǐhuan, yuè kàn yuè rùmí. Tā xǐhuan lǐmiàn
她越看越喜欢，越看越入迷①。她喜欢里面

de shīcí, zài xīnli mòmò dúzhe, jìzhe. Bǎoyù
的诗词②，在心里默默读着、记着。宝玉

wèn:"Zhè shū xiě de hǎo bu hǎo?" Dàiyù diǎndiǎn tóu.
问："这书写得好不好?"黛玉点点头。

Bǎoyù yòu shuō:"Wǒ jiù shì gè 'duōchóu-duōbìng de shēn',
宝玉又说："我就是个'多愁多病的身'，

nǐ jiù shì nà 'qīngguó-qīngchéng de mào'. " Dàiyù tīng
你就是那'倾国倾城的貌'[4]。"黛玉听

le, liǎn hóng qǐlai, zhǐzhe Bǎoyù:"Nǐ yòu húshuō! Bù
了，脸红起来，指着宝玉："你又胡说! 不

zhīdao nǐ cóng nǎr nòngle zhèxiē shū lái kàn, yòu shuō zhèxiē
知道你从哪儿弄了这些书来看，又说这些

huà lái qīfu wǒ! Wǒ yào qù gàosu jiùjiu, jiùmǔ!"
话来欺负③我! 我要去告诉舅舅、舅母!"

Bǎoyù jí le, liánmáng lánzhù tā:"Hǎo mèimei! Yuánliàng
宝玉急了，连忙拦住她："好妹妹! 原谅

wǒ zhè yí cì ba! Wǒ bú shì gùyì de, nǐ jiù yuánliàng wǒ
我这一次吧! 我不是故意的，你就原谅我

ba!" Dàiyù tīng le, xiàochū shēng lái:"Qiáo bǎ nǐ
吧!"黛玉听了，笑出声来："瞧把你

xiàchéng shénme yàng! Yuánlái nǐ yě shì gè
吓成什么样! 原来你也是个

'yínyàng làqiāngtóu'. " Bǎoyù tīng le, xiàozhe shuō:
'银样镴枪头'[5]。"宝玉听了，笑着说：

"Nǐ kànkan nǐ shuō de zhè jù huà, wǒ yě gàosu tāmen
"你看看你说的这句话，我也告诉他们

qu. " Dàiyù xiàozhe shuō:"Nǐ kàn shū kěyǐ
去。"黛玉笑着说："你看书可以

'guòmù-búwàng', wǒ jiù bù néng 'yímù-shíháng' le
'过目不忘'④，我就不能'一目十行'⑤了

ma？" Bǎoyù yìbiān shōushi shū, yìbiān xiàozhe shuō:
吗？"宝玉一边收拾书，一边笑着说：

"Wǒmen háishi gǎnjǐn bǎ huābàn máile ba, búyào tán zhè běn
"我们还是赶紧把花瓣埋了吧，不要谈这本

shū le." Yúshì tāmen yìqǐ qù shōushi luòhuā.
书了。"于是他们一起去收拾落花。

Guòle jǐ tiān, bàngwǎn shífēn, Dàiyù qù Yíhóng Yuàn
过了几天，傍晚时分，黛玉去怡红院

zhǎo Bǎoyù liáotiān. Dāngshí, Bǎoyù de yāhuan Qíngwén
找宝玉聊天。当时，宝玉的丫环晴雯

zhèngzài gēn biérén shēngqì, bùguǎn ménwài shì shuí, quán dōu
正在跟别人生气，不管门外是谁，全都

bù kāi mén, érqiě tā hái shuō shì Bǎoyù bú ràng kāi mén de.
不开门，而且她还说是宝玉不让开门的。

Kěshì Dàiyù yòu tīngdào Bǎochāi hé Bǎoyù zài wū li
可是黛玉又听到宝钗和宝玉在屋里

shuōshuōxiàoxiào, tā hěn shēngqì, zài mén wài kūle qǐlai.
说说笑笑，她很生气，在门外哭了起来。

Dàiyù huídào zìjǐ de wūzi hòu, yòu kūdào bànyè cái shuì.
黛玉回到自己的屋子后，又哭到半夜才睡。

Dì-èr tiān, Dàiyù kànjiànle Bǎoyù, búdàn bù lǐ tā,
第二天，黛玉看见了宝玉，不但不理① 他，

hái yào duǒzhe tā. Bǎoyù bù zhīdao Qíngwén méiyǒu gěi tā
还要躲② 着他。宝玉不知道晴雯没有给她

kāi mén de shì, suǒyǐ bù zhīdao Dàiyù wèi shénme shēngqì.
开门的事，所以不知道黛玉为什么生气。

Bǎoyù xīn xiǎng, tā xiànzài zhèngzài shēngqì, wǒ háishi guò
宝玉心想，她现在正在生气，我还是过

liǎng tiān zài qù zhǎo tā ba.
两天再去找她吧。

Bǎoyù yì dītóu, kànjiàn mǎn dì de huābàn, shuō:
宝玉一低头，看见满地的花瓣，说：

"Tā shēngqì, lián huār yě bù shōushi le." Yúshì
"她生气，连花儿也不收拾了。"于是，

①理 v. pay attention to; make a gesture or speak to sb.

e.g. 别理她，过一会儿她就不哭了。

②躲 v. hide from; avoid meeting sb.

e.g. 不知道为什么，大家都躲着我。

Bǎoyù qiānqǐ yī jīn, dōuzhe huābàn, chuānguò xiǎo qiáo hé
宝玉牵起衣襟，兜着花瓣，穿过小桥和

xiǎo shùlín, wǎng huāzhǒng zǒuqù. Tūrán, Bǎoyù tīngjiàn
小树林，往花冢走去。突然，宝玉听见

yǒurén zài kū, xīn xiǎng, shì nǎ gè wūzi li de yāhuan
有人在哭，心想，是哪个屋子里的丫环

shòule wěiqu, pǎodào zhèr lái kū de? Yúshì tā tíngzhù
受了委屈，跑到这儿来哭的？于是他停住

le. Què yòu tīngjiàn nà gè nǚháir shuōhuà le: "Huā xiè
了。却又听见那个女孩儿说话了："花谢

huā fēi fēi mǎntiān, hóng xiāo xiāng duàn yǒu shuí lián? ……"
花飞飞满天，红消香断有谁怜？[6]……"

Bǎoyù tīngzhe qiánmiàn, diǎntóu gǎntàn. Hòumiàn yòu
宝玉听着前面，点头感叹①。后面又

tīngjiàn "yì zhāo chūn jìn hóngyán lǎo, huā luò rén wáng liǎng
听见"一朝春尽红颜老，花落人亡两

bù zhī" zhèxiē huà, xīnli nánguò jí le, yě kūle
不知"[7]这些话，心里难过极了，也哭了

qǐlai. Tā xiǎngdào: Lín Dàiyù xiàng zhèxiē huāduǒ yíyàng
起来。他想到：林黛玉像这些花朵一样

měilì, kěshì yǐhòu yě huì xiàng huāduǒ yíyàng diāoxiè;
美丽，可是以后也会像花朵一样凋谢②；

Bǎochāi, Xírén, Qíngwén tāmen yě huì xiàng huābàn yíyàng,
宝钗、袭人、晴雯她们也会像花瓣一样，

huà zài nítǔ li; ér tā zìjǐ, nà gè shíhou yòu zài
化在泥土里；而他自己，那个时候又在

shénme dìfang ne? Rén dōu bú zài le, zhè yuánzi, zhè
什么地方呢？人都不在了，这园子、这

huār, zhè shù, huì biànchéng shuí de ne?
花儿、这树，会变成谁的呢？

Yuánlái zài zhèli kū de, zhèngshì Dàiyù. Tā zhèngzài
原来在这里哭的，正是黛玉。她正在

shāngxīn, hūrán tīngjiàn bù yuǎn chù yǒurén kū, xīn xiǎng:
伤心，忽然听见不远处有人哭，心想：

①感叹 v. sigh with feelings
e.g. "这里真美啊！"她不禁感叹。
②凋谢 v. wither away
e.g. 花开了三天后，很快就凋谢了。

wǒ jīngcháng shāngxīn luòlèi , dàjiā dōu shuō wǒ fēngdiān ,
我 经 常 伤 心 落 泪，大 家 都 说 我 疯 癫①，
nándào zhèr hái yǒu yí gè fēngdiān de rén? Tā zhuǎnshēn kàn
难 道 这 儿 还 有 一 个 疯 癫 的 人？她 转 身 看
guòqu , yuánlái shì Bǎoyù . Dàiyù shēngqì de shuō :
过 去，原 来 是 宝 玉。黛 玉 生 气 地 说：
" Pēi ! Wǒ hái yǐwéi shì shuí ne , yuánlái shì nǐ zhè gè
"呸②！我 还 以 为 是 谁 呢，原 来 是 你 这 个
hěnxīn duǎnmìng de rén ! " Tā gāng shuōwán, xīnli
狠 心③ 短 命④ 的 人！"她 刚 说 完，心 里
yòu shāngxīn qǐlai , tànle yì kǒu qì jiù zǒu le . Bǎoyù
又 伤 心 起 来，叹 了 一 口 气⑤ 就 走 了。宝 玉
zhīdao Dàiyù hái zài shēngqì, yě bùgǎn qù zhuī tā , zhǐhǎo
知 道 黛 玉 还 在 生 气，也 不 敢 去 追 她，只 好
huí Yíhóng Yuàn .
回 怡 红 院。

Zài huí Yíhóng Yuàn de lùshang , Bǎoyù yòu pèngjiànle
在 回 怡 红 院 的 路 上，宝 玉 又 碰 见 了
Dàiyù , yúshì jímáng pǎodào Dàiyù pángbiān shuō :
黛 玉，于 是 急 忙 跑 到 黛 玉 旁 边，说：
" Mèimei nǐ néng tīng wǒ shuōshuo huà ma? Wǒ zhīdao nǐ bù
"妹 妹 你 能 听 我 说 说 话 吗？我 知 道 你 不
lǐ wǒ , kěshì wǒ zhǐ shuō yí jù huà , shuōwánle jiù zǒu ! "
理 我，可 是 我 只 说 一 句 话，说 完 了 就 走！"
Dàiyù tíngzhùle jiǎobù , děng tā shuōhuà . Bǎoyù xiào le ,
黛 玉 停 住 了 脚 步，等 他 说 话。宝 玉 笑 了，
" Wǒ shuō liǎng jù huà nǐ tīngbutīng ne ? " Dàiyù lìkè jiù
"我 说 两 句 话 你 听 不 听 呢？"黛 玉 立 刻 就
yào zǒu . Bǎoyù zài tā shēn hòu tànle yì kǒu qì , " Ài !
要 走。宝 玉 在 她 身 后 叹 了 一 口 气，"唉！
Mèimei xiànzài jìngrán huì zhème duì wǒ ! Jìrán zhèyàng , wèi
妹 妹 现 在 竟 然 会 这 么 对 我！既 然 这 样，为
shénme yǐqián yòu yào nàyàng duì wǒ ne ! " Dàiyù tīngle zhè
什 么 以 前 又 要 那 样 对 我 呢！"黛 玉 听 了 这

①疯癫 *adj.* insane; mad
e.g. 她气得要死，几乎
疯癫。
②呸 pshaw; bah
e.g. 呸! 你怎么干出那
种事!
③狠心 *adj.* cruel; heart-
less
e.g. 真是个狠心的人!
④短命 *adj.* short-lived
e.g. 他是个好人，可惜
短命。
⑤叹气 *v.* heave a sigh
e.g. 不要叹气，会有办
法的。

huà， yòu tíngzhù jiǎobù， "Xiànzài shì shénme yàng？ Yǐqián yòu
话，又停住脚步，"现在是什么样？以前又

shì shénme yàng？" Bǎoyù shuō："Ài！ Nǐ gāng lái de
是什么样？"宝玉说："唉！你刚来的

shíhou， shì wǒ yìzhí péizhe nǐ wánr. Wǒ xǐhuan de
时候，是我一直陪着你玩儿。我喜欢的

dōngxi， kànjiàn nǐ xǐhuan， wǒ jiù sònggěi nǐ；wǒ ài chī de
东西，看见你喜欢，我就送给你；我爱吃的

dōngxi， tīngshuō nǐ xǐhuan chī， wǒ jiù gěi nǐ liúzhe， hǎo
东西，听说你喜欢吃，我就给你留着，好

děng nǐ lái yìqǐ chī. Wǒmen zài yì zhāng zhuōzi shang chī
等你来一起吃。我们在一张桌子上吃

fàn， yì zhāng chuáng shang shuìjiào. Yāhuanmen méiyǒu bǎ
饭、一张床上睡觉。丫环们没有把

nǐ zhàogù hǎo de dìfang， wǒ huì lái zhàogù nǐ. Kěshì
你照顾好的地方，我会来照顾你。可是

xiànzài nǐ zhǎngdà le， yě biànde gāo'ào le， bù bǎ wǒ
现在你长大了，也变得高傲①了，不把我

fàng zài yǎn li， chángcháng bù lǐ wǒ bú jiàn wǒ， què bǎ
放在眼里，常常不理我不见我，却把

'Bǎo jiějie' 'Fèng jiějie' fàng zài xīnli. Nǐ shuō wǒ
'宝姐姐''凤姐姐'放在心里。你说我

duōme wěiqu！" Bǎoyù shuōwán jiù kūle qǐlai.
多么委屈！"宝玉说完就哭了起来。

Dàiyù tīng le， xīnli yě nánguò， dīzhe tóu bù
黛玉听了，心里也难过，低着头不

shuōhuà. Bǎoyù jiēzhe shuō："Wǒ zhīdao wǒ shì yuèláiyuè
说话。宝玉接着说："我知道我是越来越

ràng rén tǎoyàn le. Kěshì wǒ zài zěnme táoqì， zài nǐ
让人讨厌了。可是我再怎么淘气，在你

miànqián wǒ kěndìng shì guīguījǔjǔ de. Rúguǒ wǒ nǎli
面前我肯定是规规矩矩的。如果我哪里

zuòcuò le， qǐng mèimei nǐ jiāo wǒ， mà wǒ， dǎ wǒ dōu
做错了，请妹妹你教我，骂我，打我都

①高傲 *adj.* arrogant
e.g. 你那么高傲，谁喜
欢你呀？

可以。可是你老是不理我，我到死也不

明白原因啊！"黛玉听宝玉这么说，已经

不生气了，问他："你既然对我好，为什么

我昨天晚上去找你，你不开门？"宝玉

惊讶道："绝对不可能！我发誓①，这绝对不

可能！我没有看见你来啊，就只有宝姐姐

来了，坐了一会儿。"黛玉想了想，笑了

起来，"那可能就是丫环们偷懒，不愿意开

门了。"宝玉说："一定就是这样！等我

回去问清楚，一定教训她们！"黛玉开

玩笑地说："你也应该教训一下丫环们。

今天得罪②了我，是小事情；要是哪天

得罪了'宝姑娘''贝姑娘'，那可不得了

了！"黛玉说完又笑。宝玉听了，又是

生气又是笑。

①发誓 v. swear; make a pledge
e.g. 他对天发誓永不变心。
②得罪 v. displease; offend
e.g. 我什么时候得罪过你？你为什么要这样对我？

一、词语注释 Notes

1.《西厢记》*Romance of the Western Chamber*

讲述一个穷书生和一个出身官员家庭的漂亮小姐的爱情故事的书。在贾家，宝玉是不允许读《西厢记》这样的书的。因为在中国古代，年轻人自由恋爱是不被允许的，读爱情小说是被禁止的。

A love story between a poor young scholar and a beautiful young lady who is the daughter of an important official. In the Jia family, Baoyu（宝玉）is not allowed to read stories like *Romance of the Western Chamber*. This is because at that time the youth were not allowed to express love for each other, and books about romance were forbidden.

2. 花冢 Tomb of Flowers

黛玉给飘零的花瓣修的坟墓。黛玉将飘落的花瓣扫在一起，把它们装在丝袋里，然后再把丝袋埋在地下。过一段时间，这些花瓣就可以消融在土里了。

A tomb Daiyu（黛玉）builds for the falling petals. She sweeps up the withered flowers on the ground and puts them in a silk bag to bury them in the ground. In time, the flowers are meant to turn back into soil.

3.《中庸》《大学》 *The Doctrine of the Mean* and *The Great Learning*

中国古代读书人的必读书目，讲述了儒家学派的思想，是四书中的两本。四书是《大学》《中庸》《论语》和《孟子》这四本书的合称。

Two classics among the Four Books which teach the Confucius school of thought. These were the classics and must-reads for scholars in ancient China.

The Four Books (四书) include:

《大学》: *The Great Learning*

《中庸》: *The Doctrine of the Mean*

《论语》: *The Analects*

《孟子》: *Mencius*

4. "多愁多病的身"，"倾国倾城的貌"

这两句出自《西厢记》，意思是：我思念你落了一身的病，只因你拥有倾国的美貌。宝玉用这两句话来表达自己对黛玉的爱意。

Two lines quoted from *Romance of the Western Chamber.* The literal meaning is: "I am 'the one sick with longing,' and you are 'the beauty whose beauty could overthrow a kingdom.'" The implied meaning in the story is: I fall sick as I miss you so, and your beauty is irresistible. Baoyu (宝玉) recites the two lines to express his love for Daiyu (黛玉).

5. 银样镴枪头 silver-like spearhead

"镴"是一种看起来像银但比较软的合金。"银样镴枪头"的意思是枪头看上去是用银造的，非常坚硬，但实际上不是，比喻人或事物看上去很好看，很厉害，实际上并不厉害，不中用。这句话也出自《西厢记》。

A lead spearhead that appears to be silver, used as a metaphor to describe an impressive-looking but useless person or object. 镴 refers to an alloy that looks like silver but not as solid as silver. This phrase is also quoted from *Romance of the Western Chamber.*

6. "花谢花飞飞满天，红消香断有谁怜？"

黛玉葬花诗中的前两句。黛玉一边扫落地上的花瓣，一边说："花瓣随风飘落，消失不见，没有人在意凋零的花瓣，我的容颜老去又有什么人会在意。"

The first two lines from a poem Daiyu worked out while burying the flowers. In weeping for the withered flowers, Daiyu（黛玉）says, "The blossoms are fading and falling in the air, and no one cares where they goes. Likewise, no one would care when my beauty withers with age." In her poem, Daiyu compares herself to the falling petals.

7. "一朝春尽红颜老，花落人亡两不知"

葬花诗中的最后两句。黛玉对着凋零的花瓣叹息道：
"春天已过，青春已逝，红颜和花瓣静静凋零无人知晓。"
The last two more lines from the same poem. Daiyu (黛玉)
looks at the withered flowers and speaks with a sigh, "One
day, when spring ends and beauty fades, the blossoms will
fall and the maid will die in loneliness."

二、思考题 Reading Comprehension Questions

1. 宝玉看到花瓣落到地上，他做了什么？黛玉又是怎
   么做的？
2. 宝玉和黛玉一起读的什么书？为什么要躲着别人、
   悄悄地读呢？
3. 宝玉想用"多愁多病的身"和"倾国倾城的貌"这
   两句话表达什么意思？
4. 黛玉为什么不理宝玉了？

Qī, Bǎo Dài sù zhōngqíng

七、宝黛诉衷情①

①衷情 *n.* love

e.g. 他们俩久别重逢，互诉衷情。

Guide to reading:

Shi Xiangyun (史湘云) is a grandniece of Grandma Jia and one of Baoyu's female cousins. She often visits Grandma Jia (贾母). On one such visit to the Jia family, Xiangyun tries to persuade Baoyu to take the imperial civil exams and seek an official career. Baoyu becomes angry and says Daiyu (黛玉) will never talk that kind of nonsense because she understands him. Daiyu overhears this by accident and is deeply moved. This incident brings Baoyu and Daiyu even closer. Baoyu opens his heart to Daiyu, and Daiyu appreciates that Baoyu takes her as a soulmate.

故事正文 Story

Yǒu yì tiān　　Shǐ Xiāngyún　dàizhe yāhuan lái Jiǎ Fǔ
有一天，史湘云 [1] 带着丫环来贾府

wánr .　Zhè wèi Shǐ gūniang shì Jiǎ mǔ de　zhísūnnǚ
玩儿。这位史姑娘是贾母的侄孙女①、

Bǎoyù de biǎomèi .　Tā chángcháng lái Jiǎ Fǔ wánr ,
宝玉的表妹②。她常常来贾府玩儿，

yǒushí yě zhù jǐ tiān .　Xiāngyún bàijiànle Jiǎ mǔ děng rén hòu ,
有时也住几天。湘云拜见了贾母等人后，

láidào Yíhóng Yuàn zhǎo yāhuan Xírén liáotiān
来到怡红院找丫环袭人聊天。

Dàiyù zuìjìn kànle Bǎoyù dàilái de yánqíng xiǎoshuō ,
黛玉最近看了宝玉带来的言情小说，

xiǎoshuō li de jùnnán-měinǚ　dōu shì yīnwèi xìnwù　ér
小说里的俊男美女③都是因为信物④而

chǎnshēngle　àiqíng ,　bǐrú　yùpèi ,　zuìhòu
产生了爱情，比如玉佩⑤，最后

zhōngchéng-juànshǔ .　Shǐ Xiāngyún yǒu yí gè jǐn qílín [2] ,
终成眷属⑥。史湘云有一个金麒麟 [2]，

Bǎoyù qiàhǎo　yě yǒu yí gè .　Dàiyù zhīdao Xiāngyún xiànzài
宝玉恰好⑦也有一个。黛玉知道湘云现在

jiù zài Yíhóng Yuàn ,　dānxīn Xiāngyún hé Bǎoyù yě xiàng
就在怡红院，担心湘云和宝玉也像

xiǎoshuō li nàyàng chǎnshēng àiqíng .　Yúshì ,　Dàiyù dǎsuàn
小说里那样产生爱情。于是，黛玉打算

qù Yíhóng Yuàn ,　shìtàn　yíxià tāmen .
去怡红院，试探⑧一下他们。

Dàiyù hái méi jìnmén ,　jiù tīngjiàn wūzi li de duìhuà .
黛玉还没进门，就听见屋子里的对话。

Xiāngyún quàn Bǎoyù shuō : " Nǐ xiànzài zhǎngdà le ,　yīnggāi
湘云劝宝玉说："你现在长大了，应该

duō dúshū ,　cānjiā kējǔ kǎoshì ,　yǐhòu qù dāngguān ,　zuò
多读书，参加科举考试，以后去当官，做

①侄孙女 *n.* brother's granddaughter
e.g. 我叫弟弟的孙女为侄孙女。

②表妹 *n.* younger female cousin
e.g. 他从小跟表妹一起长大。

③俊男美女 handsome boys and beautiful girls
e.g. 公园里一对对俊男美女在约会。

④信物 *n.* some trinket, small object of clothing, or jewelry for love; token of a pledge of love
e.g. 恋人送给她的信物是一个象牙戒指。

⑤玉佩 *n.* jade pendants
e.g. 我把奶奶给我的玉佩丢了。

⑥终成眷属 be married despite various obstacles; unite in wedlock in the end
e.g. 愿天下有情人终成眷属。

⑦恰好 *adv.* by lucky coincidence
e.g. 我恰好今天有空，就过来看看你。

⑧试探 *v.* explore or probe
e.g. 你主动试探一下，她可能喜欢你。

①正经 *adj.* respectable; decent; serious
e.g. 我们的钱必须用在正经的地方。

②面子 *n.* feelings; reputation; honour
e.g. 中国人非常重视面子。

③尴尬 *adj.* embarrassed
e.g. 去也不好，不去也不好，实在尴尬。

④幸好 *adv.* fortunately; luckily
e.g. 幸好你来了，要不然我就找不到路了。

⑤心胸宽广 broad-minded; unprejudiced
e.g. 小王心胸宽广，别人说什么话他都不放在心上。

⑥修养 *n.* self-cultivation
e.g. 我们要做有修养的人。

⑦气 *v.* make sb. angry
e.g. 儿子把父亲气得半死。

⑧混账 *adj.* impudent remark; (of words and behaviour) unreasonable
e.g. 这个混账小子，又让他溜走了！

⑨知己 *n.* true friend; bosom friend; intimate friend
e.g. 能遇到知己是很不容易的。

diǎn zhèngjing shìqing, bù yīnggāi yìtiān-dàowǎn dōu hé
点 正 经① 事情，不 应 该 一 天 到 晚 都 和

nǚháizimen wánr. " Bǎoyù tīngle fēicháng shēngqì, shuō:
女孩子们玩儿。"宝玉听了非常生气，说：

"Qǐng Yún mèimei qù qítā dìfang wánr ba! Lái wǒ de
"请 云妹妹去其他地方玩儿吧！来我的

Yíhóng Yuàn zhēnshi gěi nín diūliǎn le!" Xírén jímáng quàn
怡红院真是给您丢脸了！"袭人急忙劝

Xiāngyún: "Yún gūniang, nǐ kuài bié shuō le! Shàng cì Bǎo
湘云："云姑娘，你快别说了！上次宝

gūniang yě zhème shuōle tā yí cì, tā yě shì yìdiǎn bù gěi
姑娘也这么说了他一次，他也是一点不给

Bǎo gūniang miànzi, lìkè zhuǎnshēn zǒukāi, Bǎo gūniang
宝姑娘面子②，立刻转身走开，宝姑娘

yìliǎn tōnghóng, gāngà jí le. Xìnghǎo Bǎo gūniang
一脸通红，尴尬③极了。幸好④宝姑娘

xīnxiōng kuānguǎng, yòu yǒu xiūyǎng, jiù dāng shénme
心胸宽广⑤，又有修养⑥，就当什么

shìqing dōu méi fāshēng, shuōshuōxiàoxiào de háishi hé yuánlái
事情都没发生，说说笑笑的还是和原来

yíyàng. Yàoshi yùshàngle Lín gūniang, hái bù zhīdao bǎ Lín
一样。要是遇上了林姑娘，还不知道把林

gūniang qìchéng shénmeyàng ne!" Bǎoyù liánmáng shuō: "Lín
姑娘气⑦成什么样呢！"宝玉连忙说："林

mèimei cái búhuì shuō zhèxiē hùnzhàng huà!"
妹妹才不会说这些混账⑧话！"

Dàiyù tīng le, xīnli yòu shì gāoxìng yòu shì jīngyà,
黛玉听了，心里又是高兴又是惊讶，

yòu shì gǎntàn yòu shì nánguò. Tā gāoxìng de shì zìjǐ méiyǒu
又是感叹又是难过。她高兴的是自己没有

kàncuò rén, Bǎoyù guǒrán shì zhījǐ; jīngyà de shì tā zài
看错人，宝玉果然是知己⑨；惊讶的是他在

biérén miànqián chēngzàn zìjǐ, hái zhème qīnmì, jiù bú
别人面前称赞自己，还这么亲密，就不

pà biéren shuō xiánhuà ma? Gǎntàn de shì, jìrán wǒmen
怕别人说闲话① 吗？ 感叹的是，既然我们

liǎng rén shì zhījǐ, wèi shénme yòu yǒu "jīnyù" zhī shuō
两人是知己，为什么又有"金玉"之说

ne? Yàoshi zhēn yǒu "jīn" hé "yù", yě yīnggāi wǒ hé
呢？要是真有"金"和"玉"，也应该我和

Bǎoyù yì rén yí gè, wèi shénme yòu lái yí gè Bǎochāi ne?
宝玉一人一个，为什么又来一个宝钗呢？

Dàiyù gǎndào nánguò de shì fùmǔ hěn zǎo jiù qùshì le,
黛玉感到难过的是父母很早就去世了，

zìjǐ yǒu xǐhuan de nánháizi, què méiyǒu rén lái bāngzhù
自己有喜欢的男孩子，却没有人来帮助

zìjǐ. Ài! Zuìjìn zǒngshì gǎnjué shēntǐ yuèláiyuè xūruò
自己。唉！最近总是感觉身体越来越虚弱②

le, suīrán hé Bǎoyù hùxiāng xǐhuan, kěshì zìjǐ kǒngpà
了，虽然和宝玉互相喜欢，可是自己恐怕

huóbùliǎo duō jiǔ le a! Xiǎngdào zhèli, Dàiyù yòu kūle
活不了多久了啊！想到这里，黛玉又哭了

qǐlai. Guòle yíhuìr, tā bù xiǎng jìn Yíhóng Yuàn le,
起来。过了一会儿，她不想进怡红院了，

yúshì biàn huíle Xiāoxiāng Guǎn.
于是便回了潇湘馆。

Yǒurén lái Yíhóng Yuàn xiàng Bǎoyù bàogào, shuō Jiǎ
有人来怡红院向宝玉报告，说贾

Zhèng lǎoye jiào tā qù jiàn Jiǎ Yǔcūn. Bǎoyù jíjímángmáng
政老爷叫他去见贾雨村。宝玉急急忙忙

huànle yīfu chūmén, qiàhǎo kànjiàn Dàiyù zài qiánmiàn
换了衣服出门，恰好看见黛玉在前面

zǒuzhe, hǎoxiàng zhèngzài cā yǎnlèi. Bǎoyù zhuī shànglai
走着，好像正在擦眼泪。宝玉追上来

wèn: "Mèimei qù nǎ li? Zěnme yòu kū le?" Dàiyù
问："妹妹去哪里？怎么又哭了？" 黛玉

kàndào shì Bǎoyù, miǎnqiǎng xiàozhe shuō: "Nǎli kū
看到是宝玉，勉强③ 笑着说："哪里哭

①闲话 *n.* gossip; chitchat
e.g. 传闲话的人最讨厌。
②虚弱 *adj.* weak
e.g. 病人的身体很虚弱。
③勉强 *adj.* forced;
reluctant
e.g. 为了面子，她勉强
答应了。

le？"Bǎoyù xiào qǐlai，"Nǐ kàn，yǎnjing li hái yǒu
了？"宝玉笑起来，"你看，眼睛里还有
yǎnlèi ne．Tā yìbiān shuō，yìbiān yòng shǒu bāng Dàiyù cā
眼泪呢。"他一边说，一边用手帮黛玉擦
yǎnlèi．Dàiyù jímáng tuìhòu，"Dòngshǒu-dòngjiǎo de！
眼泪。黛玉急忙退后，"动手动脚①的！
Nǐ bù xiǎng huó le！"Bǎoyù xiàozhe shuō："Wǒ kàn nǐ kū
你不想活了！"宝玉笑着说："我看你哭
le，jiù rěnbuzhù xiǎng bāng nǐ cā yǎnlèi，jiùshì sǐle yě
了，就忍不住想帮你擦眼泪，就是死了也
zhíde！"Dàiyù hūrán xiǎngqǐ qílín de shìqing，xiàozhe
值得！"黛玉忽然想起麒麟的事情，笑着
shuō："Nǐ sǐle yě méi shénme，zhǐshì zhùyì qiānwàn bié
说："你死了也没什么，只是注意千万别
nòngdiūle shénme'jīnsuǒ'shénme'qílín'de，yàoshi
弄丢了什么'金锁'什么'麒麟'的，要是
nòngdiū le，nà cái bùdéliǎo ne！"Bǎoyù jí le，"Nǐ
弄丢了，那才不得了呢！"宝玉急了，"你
shì zài gùyì qì wǒ，shì ba？"Dàiyù jiàn Bǎoyù jíchūle
是在故意气我，是吧？"黛玉见宝玉急出了
hàn，yě bú xiào tā le，shēn shǒu wèi tā cā hàn.
汗，也不笑他了，伸手为他擦汗。

Bǎoyù lènglèng de kànzhe Dàiyù，shuō："Nǐ
宝玉愣愣②地看着黛玉，说："你
fàngxīn．Dàiyù tīngle yě lèng le，wèn："Wǒ yǒu
放心。"黛玉听了也愣了，问："我有
shénme bú fàngxīn de？Tīngbudǒng nǐ zài shuō shénme．"
什么不放心的？听不懂你在说什么。"
Bǎoyù tànle yì kǒu qì，"Ài，hǎo mèimei，nǐ bié
宝玉叹了一口气，"唉，好妹妹，你别
piàn wǒ．Nǐ yàoshi tīng bù míngbai，nà wǒ jiù bái duì
骗我。你要是听不明白，那我就白对
nǐ nàme hǎo le，nǐ yě bái duì wǒ nàme hǎo le.
你那么好了，你也白对我那么好了。

①动手动脚 take liberties
with a woman
e.g. 跟女孩子第一次见
面就动手动脚的人不是
什么好人。
②愣 v. be stupefied; be in
a state of mental numbness
as resulting from shock
e.g. 他愣了半天没说话。

Nǐ a, jiùshì yīnwèi bú fàngxīn wǒ, cái dele zhèxiē
你 啊，就是 因为 不 放心 我，才 得了 这些
bìng a! Nǐ yàoshi nénggòu fàngxīn wǒ, xiāngxìn wǒ,
病 啊！你 要是 能够 放心 我、相信 我，
nǐ de bìng jiù búhuì yuèláiyuè yánzhòng le！"
你 的 病 就 不会 越来越 严重 了！"
　　Zhè huà duì Dàiyù lái shuō, xiàngqíngtiān li de jīngléi①
　　这话对黛玉来说，像 晴天里的惊雷①
yíyàng. Tā fēicháng jīngyà, yòu fēicháng gǎndòng. Bǎoyù
一样。她非常惊讶，又非常感动。宝玉
de huà zhème kěnqiè②, zìjǐ yě bù zhīdao gāi shuō xiē
的 话这么恳切②，自己也不知道该说些
shénme le. Tāliǎ dāidāi de wàngzhe duìfāng. Tūrán,
什么了。他俩呆呆地望着对方。突然，
Dàiyù tànle yì kǒu qì, yòu liúxià lèi lai, zhǔnbèi huí
黛玉叹了一口气，又流下泪来，准备回
Xiāoxiāng Guǎn. Bǎoyù máng lánzhù tā, shuō："Hǎo
潇 湘 馆。宝玉 忙 拦住她，说："好
mèimei, wǒ hái xiǎng shuō yí jù huà." Dàiyù yìbiān cā
妹妹，我 还 想 说 一 句话。"黛玉一边擦
yǎnlèi, yìbiān tuīkāi tā de shǒu, shuō："Nǐ xiǎngshuō de
眼泪，一边推开他的手，说："你 想 说的
wǒ dōu zhīdao le. Dàiyù shuōwán jiù zǒu le. Bǎoyù
我都知道了。"黛玉说完就走了。宝玉
dāidāi de kànzhe Dàiyù zǒuyuǎn, zìyán-zìyǔ de shuō:
呆呆地看着黛玉走远，自言自语③地说：
"Hǎomèimei, wǒ yǐqián bùgǎn shuō, jīntiān wǒ yào dàdǎn④
"好妹妹，我 以前 不敢 说，今天 我要大胆④
shuō chūlai, wǒ jiùshì mǎshàng sǐle yě xīngān-qíngyuàn⑤!
说 出来，我就是马上死了也心甘情愿⑤！
Qíshí wǒ yě déle xīnbìng, dōu shì yīnwèi nǐ a! Wǒ yě
其实我也得了心病，都是因为你啊！我也
bùgǎn gàosu biérén. Zhǐyǒu nǐ de bìng hǎo le, wǒ de bìng
不敢告诉别人。只有你的病好了，我的病

①惊雷 n. sudden clap of a thunder

e.g. 天上突然响了一个惊雷，差点把他吓死。

②恳切 adj. sincere

e.g. 他静静地看着她，神情恳切。

③自言自语 murmur to oneself

e.g. 你在自言自语什么呢？

④大胆 adj. courageous; bold

e.g. 你怎么这么大胆，你不怕死吗？

⑤心甘情愿 be most willing to do

e.g. 她为孩子付出了很多，但是她心甘情愿。

才能好啊——我的心里和梦里都是你！"

宝玉出门忘记了带扇子，宝玉的丫环

袭人看见了，就给他送来。袭人站在远处

看见宝玉和黛玉说话，就在远处等着。

黛玉走后，袭人便走过来给宝玉扇子。

袭人听见宝玉这些话，羞得一脸通红，

连忙说："你在说什么呢！你怎么了？

老爷找你，还不快去！"宝玉回过神①一

看，是袭人站在旁边，非常尴尬，红着

脸接过扇子赶紧走开了。

①回神 v. be awakened
from
e.g. 等他回过神来，送
信的人早就跑远了。

一、词语注释 Notes

1. 史湘云 Shi Xiangyun

贾、史、王、薛四大家族里史家的大小姐，贾母的侄孙女。她性格开朗，漂亮可爱，经常来贾府住。

Eldest daughter of the Shi family, grandniece of Grandma Jia. She is cheerful, pretty and pleasant. She often visits and lives with the Jia family.

2. 麒麟 *qilin* or kylin

中国神话传说中的神兽，体形像鹿，头上有角，中国古人拿它象征祥瑞。

A mythical and auspicious animal in Chinese culture. It has a single horn on its forehead and a body resembling a deer.

二、思考题 Reading Comprehension Questions

1. 黛玉在哪儿听见了湘云和宝玉的对话？
2. 听了湘云的话，宝玉为什么生气了？
3. 宝玉说："林妹妹才不会说这些混账话！"黛玉听了为什么高兴、惊讶、感叹、难过？
4. 宝玉和黛玉心里想什么？

八、金钏儿之死

Guide to reading:

It is hot in summer and people are easily tired. Jinchuanr
(金钏儿) is one of the maids of Baoyu's mother, who serves
her mistress from childhood. One day Baoyu's mother
is napping, and Jinchuanr is serving her by beating her
legs lightly. Baoyu comes into the room. He removes one
earring of Jinchuanr and teases her. Jinchuanr thinks her
mistress is sleeping so she flirts with Baoyu. Baoyu's
mother hates maids seducing the men of the family, so she
is so angry that she slaps Jinchuanr across her face, then
asks her mother to bring her home. She wants to give her
a lesson. However, Jinchuanr drowns herself in a well.

故事正文 Story

Zhèshí zhèngshì xiàtiān , tiānqì hěn rè , rén róngyì
这时正是夏天，天气很热，人容易

pífá , gè wū de zhǔrén hé púrén dōu zài wǔxiū.
疲乏①，各屋的主人②和仆人都在午休③。

Bǎoyù bèizhe shǒu dàochù xiánguàng , měidào yí chù dōu hěn
宝玉背着手到处闲逛④，每到一处都很

ānjìng. Tā cóng Jiǎ mǔ zhèli chūlai , jīngguò Fèngjiě de
安静。他从贾母这里出来，经过凤姐的

yuànzi fāxiàn Fèngjiě yě zài wǔxiū yúshì Bǎoyù láidào
院子，发现凤姐也在午休。于是宝玉来到

Wáng fūrén wūzi li .
王夫人[1]屋子里。

Wáng fūrén zhèngzài dǎdǔnr . Jīnchuànr shì Wáng
王夫人正在打盹儿⑤。金钏儿是王

fūrén shēnbiān de yāhuan , zuò zài Wáng fūrén pángbiān gěi
夫人身边的丫环，坐在王夫人旁边给

Wáng fūrén chuí tuǐ . Zhōuwéi zuòzhe jǐ gè xiǎo yāhuan
王夫人捶⑥腿。周围坐着几个小丫环

názhe zhēnxian , yě zài dǎdǔnr . Bǎoyù qīngqīng de zǒudào
拿着针线，也在打盹儿。宝玉轻轻地走到

Jīnchuànr pángbiān , bǎ tā ěrduo shang de ěrhuán yì zhāi ,
金钏儿旁边，把她耳朵上的耳环⑦一摘，

xiàozhe shuō : " Jiù zhème kùn ? " Jīnchuànr zhēngkāi yǎnjing ,
笑着说："就这么困？"金钏儿睁开眼睛，

jiàn shì Bǎoyù , xiàole xiào , bǎibai shǒu ràng tā chūqu , yòu
见是宝玉，笑了笑，摆摆手让他出去，又

jìxù gěi Wáng fūrén chuí tuǐ . Bǎoyù shěbude líkāi . Tā
继续给王夫人捶腿。宝玉舍不得离开。他

kànjiàn Wáng fūrén shuìzháo le , jiù cóng shēnshang náchū
看见王夫人睡着了，就从身上拿出

xiāngxuěrùnjīndān , wǎng Jīnchuànr zuǐ li fàngle yì kē .
香雪润津丹[2]，往金钏儿嘴里放了一颗。

① 疲乏 adj. weary
e.g. 她昨天没睡好，感到非常疲乏。
② 主人 n. master and mistress; owner
e.g. 谁是这只狗的主人？
③ 午休 v. take a nap after lunch
e.g. 午休时间到了。
④ 闲逛 v. stroll; walk around; saunter
e.g. 你工作完成了吗？还有时间在这里闲逛？
⑤ 打盹儿 v. doze off
e.g. 开会时我看见她打盹儿了。
⑥ 捶 v. pound
e.g. 孙女在给奶奶捶腿。
⑦ 耳环 n. earring
e.g. 这对耳环真漂亮。

Bǎoyù lāzhe Jīnchuànr de shǒu, xiǎo shēng shuō: "Wǒ xiàng
宝玉拉着金钏儿的手，小声说："我向
tàitai yàole nǐ, nǐ lái wǒ de Yíhóng Yuàn ba!"
太太要了你，你来我的怡红院吧！"
Jīnchuànr bìzhe yǎnjing, yě bù huídá. Bǎoyù yòu shuō:
金钏儿闭①着眼睛，也不回答。宝玉又说：
"Děng tàitai xǐng le, wǒ jiù hé tā shuō." Jīnchuànr
"等太太醒了，我就和她说。"金钏儿
zhēngkāi yǎn, jiāng Bǎoyù yì tuī, xiàozhe shuō: "Nǐ jí
睁开眼，将宝玉一推，笑着说："你急
shénme? Shì nǐ de chízǎo dōu shì nǐ de! Zhè huìr nǐ qù
什么？是你的迟早都是你的！这会儿你去
zhǎo biérén wánr ba!" Bǎoyù xiàozhe shuō: "Shuí yào zhǎo
找别人玩儿吧！"宝玉笑着说："谁要找
biérén? Wǒ zhǐ shuō wǒmen liǎ de shì!"
别人？我只说我们俩的事！"

Tūrán, Wáng fūrén fānshēn qǐlai, dǎle Jīnchuànr
突然，王夫人翻身起来，打了金钏儿
yí gè ěrguāng, zhǐzhe tā mà: "Jiànrén! Hǎohāo de
一个耳光②，指着她骂："贱人③！好好的
yérmen, dōu ràng nǐ jiāohuài le!" Bǎoyù xiàle yí
爷儿们④，都让你教坏了！"宝玉吓了一
tiào, jímáng cóng wū li chūlai. Jīnchuànr de liǎn bèi dǎ de
跳，急忙从屋里出来。金钏儿的脸被打得
huǒlàlà de, xià de guì zài dì shang, yí jù huà yě bù gǎn
火辣辣的，吓得跪在地上，一句话也不敢
shuō. Yāhuanmen tīngjiàn Wáng fūrén xǐng le, dōu jímáng jìn
说。丫环们听见王夫人醒了，都急忙进
wū lai. Wáng fūrén yào bǎ Jīnchuànr gǎn chūqu, mìng rén
屋来。王夫人要把金钏儿赶出去，命人
jiào tā de mǔqin lái, bǎ tā dàizǒu. Jīnchuànr jí de
叫她的母亲来，把她带走。金钏儿急得
kūle qǐlai, "Tàitai! Wǒ zàiyě bù gǎn le! Tàitai dǎ
哭了起来，"太太！我再也不敢了！太太打

① 闭 v. close (eyes)
e.g. 她害怕地闭上了眼
睛。
② 耳光 n. a slap in the
face
e.g. 妈妈生气地打了孩
子一个耳光。
③ 贱人 n. slut; bitch
e.g. 她在领导面前说我
坏话，真是个贱人！
④ 爷儿们 n. men folk,
collective term for men
of different generations
e.g. 老少爷儿们都跟着
我走！

wǒ mà wǒ dōu kěyǐ ， jiùshì bié gǎn wǒ zǒu a ！ Wǒ fúshi
我骂我都可以，就是别赶我走啊！我服侍
tàitai shílái nián le ， xiànzài gǎn wǒ chūqu ， wǒ méiliǎn jiàn
太太十来年了，现在赶我出去，我没脸见
rén le a ！" Wáng fūrén píngshí shì hěn réncí de， hái
人了啊！" 王夫人平时是很仁慈的，还
cónglái méiyǒu dǎguo yāhuanmen . Kěshì jīntiān Jīnchuànr
从来没有打过丫环们。可是今天金钏儿
dāngzhe tā de miàn hé Bǎoyù tiáoqíng ， zhè shì tā zuì hèn、
当着她的面和宝玉调情①，这是她最恨、
zuì tǎoyàn de shì . Suǒyǐ， bùguǎn Jīnchuànr zěnme
最讨厌的事。所以，不管金钏儿怎么
āiqiú ， tā yě bù xīnruǎn， háishi jiào Jīnchuànr de mǔqin
哀求②，她也不心软，还是叫金钏儿的母亲
dài tā chūqu le .
带她出去了。

　　Guòle jǐ tiān， yí gè lǎopózi huānghuāngzhāngzhāng
　　过了几天，一个老婆子③ 慌 慌 张 张
de lái gàosu Xírén：" Jīnchuànr gūniang tiàojǐng sǐ le ！"
地来告诉袭人："金钏儿姑娘跳井④死了！"
Xírén xiàle yí tiào，" Nǎ gè Jīnchuànr？" " Hái néng shì
袭人吓了一跳，"哪个金钏儿？" "还 能 是
nǎ gè Jīnchuànr？ Bújiù shì tàitai wū li nà gè！ Qián jǐ
哪个金钏儿？不就是太太屋里那个！ 前几
tiān bù zhīdao wèi shénme， tàitai bǎ tā gǎn chūqu le， tā
天不知道为什么，太太把她赶出去了，她
tiāntiān zài jiā li kūnào， zhōuwéi rén yě méi qù lǐ tā .
天天在家里哭闹⑤，周围人也没去理她。
Hòulái jiù zhǎobuzháo tā le . Zài hòulái dǎ shuǐ de rén zài
后来就找不着她了。再后来打水的人在
jiǎoluò li de yì kǒu jǐng zhōng fāxiànle yí jù shītǐ .
角落里的一口井中发现了一具尸体⑥。
Dàjiā bǎ shītǐ lāo shànglai yí kàn， jìngrán shì Jīnchuànr！
大家把尸体捞⑦上来一看，竟然是金钏儿！

① 调情 v. flirt with
e.g. 他喜欢背着老婆和
别的女人调情。
② 哀求 v. beg and plead
e.g. 你哀求也没有用，
他是不会听的。
③ 老婆子 n. an old
woman
e.g. 那个老婆子真讨厌。
④ 井 n. well
e.g. 不好，我的耳坠掉
到井里去了！
⑤ 哭闹 v. cry and scream
e.g. 孩子哭闹很可能是
因为生病了。
⑥ 尸体 n. corpse
e.g. 人死了，但是尸体
一直没有找到。
⑦ 捞 v. retrieve; get sth.
out of the water
e.g. 这里不许捞鱼。

Kěxī rén yǐjīng sǐ le, jiùbuhuó le!"
可惜人已经死了，救不活了！"

Xírén xiǎngqǐ píngshí hé Jīnchuànr de gǎnqíng,
袭人想起平时和金钏儿的感情，

rěnbuzhù shāngxīn luòlèi. Bǎochāi zhènghǎo zài Xírén
忍不住① 伤心落泪。宝钗正好在袭人

pángbiān, shuō:" Zhè jiàn shì zhēnshi qíguài a!" Tā
旁边，说："这件事真是奇怪啊！" 她

dǎsuàn qù ānwèi Wáng fūren.
打算去安慰王夫人。

Wáng fūren wūzi li fēicháng ānjìng, tā zhèng zuò zài
王夫人屋子里非常安静，她正坐在

nàr liúlèi. Bǎochāi zǒu jìnlai, jìngjìng de zài yìpáng
那儿流泪。宝钗走进来，静静地在一旁

zuòxià. Wáng fūren hé Bǎochāi liáotiān, liáoqǐ Jīnchuànr,
坐下。王夫人和宝钗聊天，聊起金钏儿，

" Nǐ tīngshuōle nà jiàn qíguài de shì ma? Jīnchuànr hūrán
"你听说了那件奇怪的事吗？金钏儿忽然

tiào jǐng sǐ le!" Bǎochāi wèn:" Chū shénme shì le? Tā
跳井死了！" 宝钗问："出什么事了？她

zěnme huì qù tiào jǐng ne?" Wáng fūren shuō:" Qián jǐ tiān
怎么会去跳井呢？" 王夫人说："前几天

tā bǎ wǒ de yí jiàn dōngxi nònghuài le, wǒ shēngqì dǎle
她把我的一件东西弄坏了，我生气打了

tā, màle tā, gǎn tā chūqu. Yuánlái wǒ xiǎng ràng tā
她，骂了她，赶她出去。原来我想让她

fǎnxǐng jǐ tiān, ránhòu jiào tā huílai. Shuí zhīdao tā
反省② 几天，然后叫她回来。谁知道她

píqi dà, jìngrán qù tiào jǐng! Ài, zhè shì wǒ de
脾气大，竟然去跳井！唉，这是我的

zuìguo a!"
罪过③ 啊！"

Bǎochāi xiàozhe shuō:" Nín shì gè réncí de rén, duì
宝钗笑着说："您是个仁慈的人，对

① 忍不住 can't help doing; be unable to bear
e.g. 今天的饭太好吃了，我忍不住吃了好几碗。
② 反省 v. reflect on oneself
e.g. 怎么出了这么多错！你自己好好反省一下！
③ 罪过 n. fault; sin
e.g. 我的罪过就是爱上了你。

púrén kěndìng shì zuì hǎo de . Wǒ juéde , Jīnchuànr yīnggāi
仆人肯定是最好的。我觉得，金钏儿应该

bú shì dǔqì qù tiào jǐng de . Yǒu kěnéng shì tā zài shuǐjǐng
不是赌气①去跳井的。有可能是她在水井

pángbiān wánr , bù xiǎoxīn diàole xiàqu . Tā píngshí fúshi
旁边玩儿，不小心掉了下去。她平时服侍

nín , yào zūnshǒu xǔduō guīju ; tā huídào zìjǐ jiā , hái
您，要遵守许多规矩；她回到自己家，还

bù hǎohāo de wányiwán , guàngyiguàng ? Tā yí gè yāhuan ,
不好好地玩一玩，逛一逛？她一个丫环，

nǎ li huì shēng nàme dà de qì ? Jiùsuàn shì gēn nín shēngqì ,
哪里会生那么大的气？就算是跟您生气，

yě shì tā zìjǐ hútu , sǐle yě bù kěxī ! " Wáng
也是她自己糊涂，死了也不可惜！"王

fūrén tīng le , gǎntàn de shuō : " Ài ! Kěshì wǒ xīnli
夫人听了，感叹地说："唉！可是我心里

háishi gǎndào bù'ān . " Bǎochāi xiàozhe shuō : " Nín búyòng
还是感到不安。"宝钗笑着说："您不用

cāoxīn , yàoshi xīnli shízài nánshòu , duō shǎng gěi tā jiā
操心，要是心里实在难受，多赏给她家

jǐ liǎng yínzi jiù xíng le ! "
几两银子②就行了！"

Wáng fūrén shuō : " Wǒ gāngcái gěile tā mǔqin wǔshí
　　王夫人说："我刚才给了她母亲五十

liǎng yínzi , yuánlái hái dǎsuàn sòng jǐ jiàn xīn yīfu
两银子，原来还打算送几件新衣服

zhuāngguǒ , kěshì xiànzài yòu méiyǒu xīn zuò de yīfu .
装裹③，可是现在又没有新做的衣服。

Gěi nǐ Lín mèimei guò shēngrì zuòle liǎng tào , kěshì xiànzài
给你林妹妹过生日做了两套，可是现在

náqù gěi sǐrén chuān shì bùxíng de . Nǐ Lín mèimei zài
拿去给死人穿是不行的。你林妹妹在

shēngbìng , xīn yīfu míngmíng shì sòng gěi tā guò shēngrì de ,
生病，新衣服明明是送给她过生日的，

① 赌气 *v.* be discontented and act rashly
e.g. 我错了，对不起，你别跟我赌气了！

② 银子 *n.* silver (money); tael
e.g. 这幅画值五百两银子。

③ 装裹 *v.* wrap (a corpse) in a shroud
e.g. 他的工作是为死人装裹。

xiànzài què yào gěi sǐrén ， zhèyàng bú shì hěn jìhuì ma？
现在却要给死人，这样不是很忌讳① 吗？
Suǒyǐ wǒ gāngcái ràng cáifeng gǎnjǐn gěi Jīnchuànr zuò yīfu，
所以我刚才让裁缝②赶紧给金钏儿做衣服，
yàoshi biéde yāhuan， wǒ gěi jǐ liǎng yínzi jiù wánshì le，
要是别的丫环，我给几两银子就完事了，
nǎ li hái zhème máfan？ Jīnchuànr suīrán shì gè yāhuan，
哪里还这么麻烦？金钏儿虽然是个丫环，
dànshì wǒ shì kànzhe tā zhǎngdà de， tā jiù xiàng wǒ de qīn
但是我是看着她长大的，她就像我的亲
nǚ'ér shìde！ ” Shuōzhe shuōzhe， Wáng fūrén yòu kūle
女儿似的！ ”说着说着，王夫人又哭了
qǐlai．
起来。

Bǎochāi shuō：“ Nín zhǎo cáifeng gàn shénme？ Bié qù
宝钗 说：“您找裁缝干什么？别去
máfan le！ Wǒ qián jǐ tiān gāng zuòle liǎng tào yīfu， yòng
麻烦了！我前几天刚做了两套衣服，用
wǒ de nà liǎng tào ba． Tā yǐqián chuānguo wǒ de yīfu，
我的那两套吧。她以前穿过我的衣服，
dàxiǎo dōu héshì． ” Wáng fūrén shuō：“ Nándào nǐ bú
大小都合适。” 王夫人说：“难道你不
jìhuì？ ” Bǎochāi shuō：“ Nín fàngxīn， wǒ cónglái bú
忌讳？ ”宝钗 说：“您放心，我从来不
zàiyì zhèxiē de． ” Bǎochāi shuōwán， jiù yào huí fángjiān
在意③这些的。”宝钗说完，就要回房间
qù ná yīfu， Wáng fūrén jiàole liǎng gè rén gēnzhe Bǎochāi
去拿衣服，王夫人叫了两个人跟着宝钗
qù ná．
去拿。

Bǎoyù tīngshuō Jīnchuànr tiào jǐng zìshā le， jiù
宝玉听说金钏儿跳井自杀④了，就
láidàole Wáng fūrén wū li． Bǎochāi ná yīfu huílai shí，
来到了王夫人屋里。宝钗拿衣服回来时，

kànjiàn Bǎoyù zuò zài Wáng fūrén shēnbiān kū . Wáng fūrén
看见宝玉坐在 王 夫人身边哭。 王 夫人
běnlái zài jiàoxun Bǎoyù , kànjiàn Bǎochāi lái le , jiù bù
本来在教训① 宝玉，看见宝钗来了，就不
shuōhuà le . Qíshí Bǎochāi xīnli zǎojiù cāidàole shìqing de
说话了。其实宝钗心里早就猜到了事情的
dàgài . Bǎoyù kànjiàn Bǎochāi jìnlai , jiù chènjī líkāi le .
大概。宝玉看见宝钗进来，就趁机离开了。
Wáng fūrén yòu jiàolái Jīnchuànr de mǔqin , shǎngle tā jǐ jiàn
王 夫人又叫来金钏儿的母亲，赏了她几件
shǒushi , yòuràng púrén qù qǐng jǐ gè sēngrén lái chāodù
首饰②，又让仆人去请几个僧人来超度 [3]
Jīnchuànr . Jīnchuànr de mǔqin kēle tóu , gǎnxiè
金钏儿。金钏儿的母亲磕了头③，感谢了
Wáng fūrén , jiù huíqu le .
王 夫人，就回去了。

① 教训 v. scold
e.g. 你有什么资格来教
训我？
② 首饰 n. jewelry
e.g. 女人喜欢买首饰。
③ 磕头 v. kowtow
e.g. 孙子给爷爷磕头。

一、词语注释 Notes

1. 王夫人 Madam Wang

贾政的妻子。她时常吃斋念佛，可是她心并不善，甚至很恶。她
虚伪残酷，在大家面前表现得体贴下人，但实际上主观武断又自
私，私下对待下人心狠手辣。她年事已高，把管家大权交给了自
己的侄女王熙凤，不过，一些大事凤姐仍须向她请示汇报。也正
是她拆散了宝玉和黛玉二人。

Jia Zheng's wife. She often practises abstinence from meat and prays
to Buddha. However, she is not a kindhearted person and can even
be rather cruel at times. She is hypocritical and ruthless. She always

presents herself as kind and considerate to her servants, but in private she is merciless to them. She is also assertive and sometimes selfish. At an advanced age, she gives over authority of managing the household's daily affairs to her niece, Wang Xifeng, but she still has to have the last word for important matters. It is she who disapproves of the love between Baoyu and Daiyu and brings about a tragic end to the young lovers.

2. 香雪润津丹 Fragrant Snow "Quencher"

一种中药丸，夏天用于祛除暑气和干渴。在《红楼梦》中，中药丸、食物、服饰和家具都有美丽且具有象征意义的名字。比方说，在第三个故事"薛宝钗和八字箴言"中的"冷香丸"。

A Chinese medicine pill used in summer to relieve summer heat and thirst. In *A Dream of Red Mansions,* many beautiful and metaphoric names are used to describe Chinese medications, foods, dresses, furniture, etc. For example, "冷香丸 (Cold Fragrance Pill)" in the third story of "薛宝钗和八字箴言".

3. 超度 release souls from suffering

一种祭奠仪式。人死后，家人摆上香案、祭品，请和尚念经或做法事拯救死者灵魂。金钏儿自杀后，宝玉的母亲让仆人请来和尚为她念经超度。

A ceremony done by Buddhist monks after a person's death to redeem the lost soul by making offerings and chanting sutras. When Jinchuanr (金钏儿) commits suicide, Baoyu's (宝玉) mother orders servants to invite Buddhist monks to chant scriptures for Jinchuanr.

二、思考题 Reading Comprehension Questions

1. 金钏儿为什么被王夫人赶走了？
2. 金钏儿是因为什么死的？
3. 金钏儿最后死在哪里？
4. 关于金钏儿的死，王夫人是怎么向宝钗解释的？
5. 你觉得王夫人和宝钗是什么样的人？为什么？

九、宝玉挨打

Jiǔ, Bǎoyù ái dǎ

① 挨 v. suffer

e.g. 他把杯子打碎了，挨了妈妈一顿骂。

Guide to reading:

Baoyu (宝玉) hates the idea of taking on a career as a government official. One day, an official named Jia Yucun (贾雨村) comes to the Jia family (贾府) wanting to talk with Baoyu. In the conversation with Jia Yucun, Baoyu is in low spirits and takes no interest in topics like one's official career or aspirations. When Jia Zheng (贾政), Baoyu's father, hears this and other rumours about Baoyu, he loses his temper, and orders his servants to beat Baoyu with a wooden paddle. Baoyu's grandmother and mother cry for forgiveness. All the ladies cry and Baoyu's father has no choice but to stop. Baoyu is badly injured. Daiyu (黛玉) comes to comfort him. However, she cannot stop weeping herself.

故事正文 Story

Yì tiān, Jiǎ Yǔcūn lái bàifǎng Jiǎ Zhèng, yídìng
一天，贾雨村 [1] 来拜访① 贾政 [2]，一定
yào jiàn Bǎoyù. Jiǎ Yǔcūn hé Bǎoyù jiànmiàn zhīhòu, Bǎoyù
要见宝玉。贾雨村和宝玉见面之后，宝玉
què méiyǒu xìngqù gēn Jiǎ Yǔcūn liáotiān. Bǎoyù píngshí bù
却没有兴趣跟贾雨村聊天。宝玉平时不
xǐhuan tán zuòguān, zhuànqián, zhìxiàng zhèyàng yìxiē huà,
喜欢谈做官、赚钱、志向这样一些话，
kěshì Jiǎ Yǔcūn duì zuòguān, zhuànqián zhìxiàng de huàtí
可是贾雨村对做官、赚钱、志向的话题
fēicháng gǎn xìngqù. Yīncǐ Bǎoyù duì Jiǎ Yǔcūn hěn fǎngǎn,
非常感兴趣。因此宝玉对贾雨村很反感②，
bú yuànyì hé tā liáotiān.
不愿意和他聊天。

Bǎoyù jiànguo Jiǎ Yǔcūn zhīhòu, zài huí wū de shíhou yòu
宝玉见过贾雨村之后，在回屋的时候又
xiǎngdào Jīnchuànr tiào jǐng zìshā de shì, xīnqíng chénzhòng,
想到金钏儿跳井自杀的事，心情沉重③，
shénme huà yě shuōbù chūlai, zài yuánzi li suíbiàn zǒuzhe,
什么话也说不出来，在园子里随便走着，
shuí zhīdao què zhuàngshàngle cóng duìmiàn zǒu guòlai de rén.
谁知道却撞上了从对面走过来的人。
Nà rén dà hǎn yì shēng: "Zhànzhù!" Bǎoyù xiàle yí
那人大喊一声："站住！"宝玉吓了一
tiào, táitóu yí kàn, yuánlái shì zìjǐ de fùqin Jiǎ Zhèng.
跳，抬头一看，原来是自己的父亲贾政。
Jiǎ Zhèng zhèng xiǎng jiàoxun Bǎoyù, zhèshí yǒurén lái zhǎo tā,
贾政正想教训宝玉，这时有人来找他，
Jiǎ Zhèng zhǐhǎo líkāi le.
贾政只好离开了。

① 拜访 v. call on; visit
e.g. 明天我要去拜访客
户。
② 反感 adj. averse;
antipathetic
e.g. 他这个人一点礼貌
也没有，我很反感。
③ 沉重 adj. grievous;
gloomy; heavy
e.g. 她最近心情很沉重。

Jiǎ Zhèng běn yǐwéi ràng Bǎoyù gēn Jiǎ Yǔcūn jiàn gè
贾 政 本 以 为 让 宝 玉 跟 贾 雨 村 见 个
miàn, liáoyiliáo wèilái hé qiántú, shì yì jiàn hàoshì. Kě
面，聊一聊未来和前途，是一件好事。可
shuí zhīdao Bǎoyù gēn Jiǎ Yǔcūn liáotiān shí wújīng-dǎcǎi . Jiǎ
谁知道宝玉跟贾雨村聊天时无精打采①。贾
Zhèng juéde diūle zìjǐ de liǎnmiàn bùshuō, gèng juéde zhè
政 觉得 丢 了 自己 的 脸面 不说，更 觉得 这
gè érzi zhēnshi méi chūxi . Jiǎ Zhèng yòu tīngshuō Bǎoyù
个 儿子 真是 没 出息②。贾 政 又 听说 宝玉
yǔ yí gè xìzi guānxì mìqiè, bìng liúyǒu xìnwù. Zhè
与 一个 戏子 [3] 关系 密切，并 留 有 信物。这
jiàngdī shēnfèn de shì ràng Jiǎ Zhèng gèngjiā nǎonù . Ér jiù
降低 身份 的 事 让 贾 政 更加 恼怒③。而 就
zài zhèshí, Jiǎ Huán bǎ Jīnchuànr tiào jǐng zìshā de shìqing
在 这时，贾 环 [4] 把 金钏儿 跳 井 自杀 的 事情
bàogào gěile Jiǎ Zhèng, hái tiǎobō shuō, Jīnchuànr
报告 给了 贾 政，还 挑拨④ 说，金钏儿
zìshā, shì yīnwèi Bǎoyù xiǎng qiángjiān Jīnchuànr,
自杀，是 因为 宝玉 想 强奸⑤ 金钏儿，
Jīnchuànr diūle liǎnmiàn, suǒyǐ zìshā le.
金钏儿 丢了 脸面，所以 自杀 了。
Jiǎ Zhèng tīngle zhèxiē huà, fēicháng nǎonù, qì de
贾 政 听了 这些 话，非常 恼怒，气 得
yàomìng, yě bú wèn zhèxiē huà dàodǐ shì zhēn shì jiǎ, mìng
要命，也 不 问 这些 话 到底 是 真 是 假，命
rén bǎ Bǎoyù jiào lái, shuō: "Jīntiān shuí quàn dōu bùxíng, wǒ
人 把 宝玉 叫 来，说："今天 谁 劝 都 不行，我
fēi děi hǎohāo jiàoxun jiàoxun Bǎoyù! Nǐmen gěi wǒ hěnhěn de
非得 好好 教训⑥ 教训 宝玉！你们 给 我 狠狠 地
dǎ, wǎng sǐ li dǎ! "
打，往 死 里 打！"
Jiǎ Zhèng shǒuxià de púrénmen bùgǎn wéikàng , názhe
贾 政 手下 的 仆人们 不敢 违抗⑦，拿着

① 无精打采 dull and listless; lacking vitality
e.g. 你怎么无精打采的，昨天没睡好？
② 出息 n. bright future; prospects or aspirations
e.g. 这孩子将来一定有出息。
③ 恼怒 adj. furious; extremely angry
e.g. 她听到这些话，相当恼怒。
④ 挑拨 v. stir up trouble; provoke
e.g. 我们俩本来没矛盾，都是他从中挑拨。
⑤ 强奸 v. rape
e.g. 强奸罪是很严重的罪名。
⑥ 教训 v. teach sb. a lesson
e.g. 今天要是不教训你一下，你都不知道我是谁！
⑦ 违抗 v. disobey
e.g. 谁敢违抗皇帝的命令？

bǎnzi kāishǐ dǎ Bǎoyù. Jiǎ Zhèng juéde dǎ de tài qīng,
板子开始打宝玉。贾政觉得打得太轻，

bǎ púrénmen tīdào yìbiān, zìjǐ qīnzì dòngshǒu dǎ,
把仆人们踢到一边，自己亲自动手打，

yìlián dǎle sān-sìshí xià bǎnzi. Zhè kě xiàhuàile zàichǎng
一连打了三四十下板子。这可吓坏了在场

de suǒyǒu rén, yǒu rén gǎnmáng qù gàosu Bǎoyù de mǔqin
的所有人，有人赶忙去告诉宝玉的母亲

Wáng fūrén. Jiǎ Zhèng kànjiàn Wáng fūrén lái le, dǎ de
王夫人。贾政看见王夫人来了，打得

gèng lìhai le.
更厉害了。

Wáng fūrén yí kàn, lìjí guì zài Jiǎ Zhèng miànqián,
王夫人一看，立即跪在贾政面前，

kūzhe hǎnzhe shuō:"Lǎoye, nǐ kàn zài zhème duō nián de
哭着喊着说："老爷，你看在这么多年的

fūqī qíngmiàn shang, ráole Bǎoyù ba! Tā yàoshi sǐ le,
夫妻情面上，饶了宝玉吧！他要是死了，

wǒ yě bù xiǎnghuó le. Yàobù jiù xiān dǎsǐ wǒ, wǒmen liǎ
我也不想活了。要不就先打死我，我们俩

yìqǐ sǐ, zài yīncáo-dìfǔ yě yǒu gè yīkào !"
一起死，在阴曹地府①也有个依靠②！"

Jiǎ Zhèng tīngdào zhè huà, shífēn shāngxīn, zuò zài
贾政听到这话，十分伤心，坐在

yǐzi shang, yě kūle qǐlai. Zhè shíhou, zhòng jiěmèi
椅子上，也哭了起来。这时候，众姐妹

yě dōu guòlai quànzǔ. Nàodào zhè shíhou, Jiǎ mǔ yě bèi
也都过来劝阻。闹到这时候，贾母也被

jīngdòng le, gǎnjǐn guòlai. Jiǎ mǔ hái méi zǒujìn wū,
惊动③了，赶紧过来。贾母还没走进屋

jiù tīngjiànle Wáng fūrén de kūshēng. Jiǎ mǔ zài ménwài
就听见了王夫人的哭声。贾母在门外

① 阴曹地府 kingdom of the underworld
e.g. 我就是到了阴曹地府，也不会放过你的！
② 依靠 n. support; backing
e.g. 她没有别的亲人，女儿是她唯一的依靠。
③ 惊动 v. bother; startle
e.g. 孩子大声哭了起来，惊动了邻居。

chànwēiwēi de shuō：" Xiān dǎsǐ wǒ， zài dǎsǐ tā，
颤巍巍①地说："先打死我，再打死他，

dàjiā jiù dōu tòngkuai le！"
大家就都痛快了！"

Jiǎ Zhèng kànjiàn zìjǐ de mǔqin lái le， liánmáng
贾政看见自己的母亲来了，连忙

shàngqián， shuō："Zhè dà rètiān， mǔqin hái yào zìjǐ
上前，说："这大热天，母亲还要自己

guòlai， yǒushénme shì jiào wǒ guòqu jiù kěyǐ le." Jiǎ mǔ
过来，有什么事叫我过去就可以了。"贾母

tīng le， shuō："Nǐ hái zhīdao wǒ shì nǐ mǔqin ya， wǒ hái
听了，说："你还知道我是你母亲呀，我还

yǐwéi zìjǐ shēngle yí gè búxiào-zhīzǐ， gēnběn bú
以为自己生了一个不孝之子 [5]，根本不

zàihu wǒ zhè gè lǎorenjia ne." Jiǎ Zhèng tīnghòu，
在乎我这个老人家呢。"贾政听后，

huāngmáng guìxià， shuō："Wǒ zhǐshì xiǎng jiàoxun yíxià tā.
慌忙跪下，说："我只是想教训一下他。

Nín qiānwàn bié shuōzhèyàng de huà， érzi chéngshòu bùqǐ."
您千万别说这样的话，儿子承受不起。"

Jiǎ mǔ gèng shēngqì le，"wǒ yí jù huà nǐ dōu
贾母更生气了，"我一句话你都

shòubùliǎo， nǐ dǎ Bǎoyù dǎle zhème duō bǎnzi， Bǎoyù
受不了，你打宝玉打了这么多板子，宝玉

jiù shòudéliǎo ma？ Nǐ yàoshi yànfán wǒmen， děngdào
就受得了吗？你要是厌烦②我们，等到

míngtiān， wǒ jiù dàizhe nǐ tàitai hé Bǎoyù líkāi zhèli."
明天，我就带着你太太和宝玉离开这里。"

Jiǎ mǔ shuōzhe jiù jìn wū qù kàn Bǎoyù， kàndào Bǎoyù bèi
贾母说着就进屋去看宝玉，看到宝玉被

dǎchéng zhèyàng， yòu shì xīnténg， yòu shì shēngqì， yǎnlèi
打成这样，又是心疼，又是生气，眼泪

① 颤巍巍 adj. trembling; in a tottering manner
e.g. 奶奶颤巍巍地站了起来。
② 厌烦 v. be sick of
e.g. 他老是没话找话，我都厌烦他了。

不停地往下掉，大家也都哭了起来。贾
政也很后悔，可是又不知道怎么办，
只能愣在一旁。

宝玉被抬回屋里。大家等宝玉躺好，
给他上了药，看他要休息了才离开。

不久，黛玉过来看望宝玉，看到宝玉
被打的样子就不停地小声哭，双眼
肿①得跟金鱼②似的。宝玉想坐起身来
安慰一下黛玉，可是屁股③痛得实在是没
办法坐起来，只得关切地说："你跑来做
什么！虽然太阳落下去了，但是地上的
热气还没散④去，别中暑⑤了。我虽然被
打成这样，但没有大家说的那么严重，
你千万不要相信他们的话。"听了这些话，
黛玉心中虽有千言万语⑥，却说不出口，
过了很久才一边哭一边说："你以后就改了
吧！"宝玉听后，长长叹了一口气，

① 肿 v. swollen from crying

e.g. 昨晚没睡好，今天眼睛肿了。

② 金鱼 n. goldfish (used to describe Daiyu's swollen eyes after crying)

e.g. 我养了两条金鱼。

③ 屁股 n. buttocks; hip

e.g. 孩子的屁股没擦干净。

④ 散 v. (the heat) dispel; drive away

e.g. 香水的味道在屋里一直不散。

⑤ 中暑 v. get heatstroke

e.g. 天气太热了，很多孩子都中暑了。

⑥ 千言万语 thousands and thousands of words

e.g. 千言万语都表达不了我对你的爱。

shuō : " Nǐ fàngxīn , búyào shuō zhèyàng de huà , wǒ yǐhòu
说 : "你 放心，不要 说 这样 的 话，我 以后
jiùsuàn sǐ le , yě xīngān-qíngyuàn . " Zhèshí , wàimiàn
就 算 死 了，也 心 甘 情 愿。" 这时，外 面
chuánláile shēngyīn , shì Wáng Xīfèng lái kàn Bǎoyù le .
传 来 了 声 音，是 王 熙 凤 来 看 宝 玉 了。
Dàiyù kūzhǒngle yǎnjing , bù hǎoyìsi ràng biéren kànjiàn ,
黛 玉 哭 肿 了 眼 睛，不 好 意 思 让 别 人 看 见，
gǎnjǐn cónghòumiàn de yuànzi líkāi le .
赶 紧 从 后 面 的 院 子 离 开 了。

一、词语注释 Notes

1. 贾雨村 Jia Yucun

小说中传统官员的典型代表。他参加科举考试之后做了官，后来，讨好上层官员和追求享乐成为他的唯一追求。贾家曾经帮助过他，但是当贾府败落时，贾雨村没有一丝同情，拒绝提供任何帮助。他的人生哲学就是为了个人利益可以牺牲一切。故事中，贾宝玉不喜欢贾雨村出仕做官的思想，他的叛逆惹恼了贾政，使得宝玉遭受了皮肉之苦。

A character that presents a typical image of a traditional official. He takes office after the imperial civil examination. After that, his life is reduced to flattering higher-ranking officials and seeking enjoyment. The Jia family has helped him, but when the Jia family declines, he shows no sympathy and refuses to offer any help. His philosophy is that he can sacrifice everything for his own interests. In the story, Jia Baoyu (贾宝玉) dislikes Jia Yucun's pursuits, such as aspirations for an official career in the future. Baoyu's rebellious attitude annoys Jia

Zheng（贾政）. This is one of the factors leading to Baoyu's corporal punishment.

2. 贾政 Jia Zheng

贾宝玉的父亲。他自幼好读书，为人端方正直，谦恭厚道。他是深受儒家思想熏陶的人物，孝顺贾母，也想严厉管教子女，但是唯一的嫡子宝玉却让他头疼不已。他想做个好官，但可惜不谙世情，受人蒙骗，弄得声名狼藉。他是封建时代的悲剧人物，既是悲剧的制造者，也是悲剧的受害者。

Baoyu's father. He is an avid reader from a young age. He is upright and honest, modest and courteous, but deeply rooted in the Confucian school. As a gentleman of fine breeding, Jia Zheng shows great filial piety to his mother and wants to teach his children good manners. But the only surviving son his wife gives birth to, Baoyu, is a rebel against feudal ethics and gives him constant headaches. He intends to be a good official, but since he is not worldly-wise, he falls victim to deception and is utterly discredited as an official. Jia Zheng is a tragic figure of the orthodox feudal society, being both a maker and a victim of the tragedy himself.

3. 戏子 actor/actress, performer

中国古代对职业戏曲演员非常轻视的称呼。在古代中国，戏曲演员的社会地位十分低下。

An opera singer or an entertainer in ancient China. This expression carries a very strong negative connotation. This is because, in old times, this profession was looked down upon by society.

4. 贾环 Jia Huan

贾政的儿子，贾宝玉的弟弟。他和贾探春都是贾政的妾赵姨娘生的。他在贾府的地位不如宝玉，非常嫉妒宝玉。

Son of Jia Zheng, younger half-brother of Baoyu. Concubine Zhao is Jia Huan and Jia Tanchun's mother. As result, their status is lower than that of Baoyu. Jia Huan is jealous of Baoyu.

5. 不孝之子 disobedient son

对父母不孝顺的儿子。孝顺父母是中华民族的传统美德，子女应当尽心奉养父母，顺从父母的意志，否则就是不孝。在中国古代，"不孝"是重罪，最高可判死刑。

Someone who shows no filial piety to their parents. Filial piety is a traditional virtue upheld by the Chinese people: Children are expected to take care of their parents wholeheartedly and respectfully, and are obedient to the will of their parents. In ancient China, it was considered a crime to act contrary to filial piety and the most severe penalty for this transgression was capital punishment.

二、思考题 Reading Comprehension Questions

1. 贾宝玉为什么挨打?
2. 贾政打宝玉,王夫人和贾母有什么反应?
3. 黛玉去看望宝玉,怎么劝宝玉? 宝玉是什么样的态度?

十、刘姥姥 [1] 进大观园 [2]

Guide to reading:

Granny Liu (刘姥姥) was a distant relative of the Jia family. One winter Granny Liu's family suffers from a shortage of food and has no money for daily necessities. She comes to ask the Jia family for help. To her surprise, Wang Xifeng (王熙凤) not only treats to her food and drink but also gives her more than enough money to help her family survive the harsh winter. In order to show her gratitude, Granny Liu comes to visit the Jia family the following year, taking fresh produce with her as a present. This is the first time Granny Liu pays a visit as a house guest to such a luxurious and aristocratic family, so she tries her utmost to entertain the people by cracking jokes, which amuses everyone in the Jia family. Granny Liu is also invited to dine with the Jia family. Wang Xifeng makes fun of her at the dinner table, and Granny Liu makes a fool of herself to amuse them. But everybody is kind and friendly to Granny Liu and gives her money and many gifts. In her heart, Granny Liu always remembers their kindness. When the Jia family is in decline, Granny Liu comes to their assistance generously and saves Qiaojie (巧姐), the daughter of Wang Xifeng.

故事正文 Story

金陵 城 外的乡下① 有一家姓 王 的
人家，男主人叫 王 狗儿。 王 狗儿的
曾祖父② 与 荣国府连过宗[3]。 后来 王 家
家道中落③，就搬到乡下去住了。 王
狗儿的妻子姓刘，妻子的母亲人 称 刘
姥姥④，他们一起住在乡下。

这年冬天， 王 狗儿家里很穷，没有
粮食吃。刘姥姥为了全家人能活下来，
不顾⑤ 自己的老脸面，想去荣国府要些
钱。没想到，来到荣国府之后，王 熙凤
又是给刘姥姥吃的，又是给喝的。除了好
吃好喝的以外，还给了她二十两银子。
虽然 王 熙凤觉得这不是什么大事，只是
帮助乡下亲戚，做了点善事⑥，可对于刘
姥姥来说，这钱可够他们一家老小一年
的生活开销⑦。

① 乡下 n. countryside
e.g. 他是从乡下来的。
② 曾祖父 n. great-grand-
father
e.g. 我的曾祖父是一个
农民。
③ 家道中落 fall on hard
times; decline in family
financial situation
e.g. 自从父亲做生意失
败后，我们家就家道中
落了。
④ 姥姥 n. maternal
grandmother; mother's
mother
e.g. 我的姥姥很早以前
就去世了。
⑤ 不顾 v. disregard; ignore
e.g. 他不顾一切，跳到
河里把孩子救了上来。
⑥ 善事 n. good deed;
charitable deed
e.g. 我们应该多做善事。
⑦ 开销 n. expenditure
e.g. 住在这儿，开销不
大，也很方便。

Liú lǎolao shì yí gè zhī'ēn-túbào de lǎoshírén. Yì
刘姥姥是一个知恩图报 ① 的老实人。一

nián yǐhòu, Liú lǎolao dì-èr cì láidào Róngguó Fǔ bàifǎng hé
年以后，刘姥姥第二次来到荣国府拜访和

gǎnxiè. Wáng Xīfèng de tiēshēn yāhuan Píng'er jiēdàile Liú
感谢。 王熙凤的贴身丫环平儿 [4] 接待了刘

lǎolao. Liú lǎolao dàile hěn duō zìjǐ jiā li zhòng de
姥姥。刘姥姥带了很多自己家里种的

yěcài děng xiāngxia de dōngxi. Zhèxiē dōu shì Liú lǎolao
野菜 ② 等乡下的东西。这些都是刘姥姥

jīngxīn tiāoxuǎn de. Liú lǎolao shuō:" Gūniangmen tiāntiān
精心挑选的。刘姥姥说:"姑娘们天天

shānzhēn-hǎiwèi, chángchang xiāngxia de shuǐguǒ hé yěcài
山珍海味 ③，尝尝乡下的水果和野菜

yě shì búcuò de."
也是不错的。"

Suíhòu dàjiā jiù zài yìqǐ liáotiān. Yǒu rén shuō Róngguó
随后大家就在一起聊天。有人说荣国

Fǔ mǎile qī-bāshí jīn pángxiè, shuí zhīdao Liú lǎolao yì
府买了七八十斤螃蟹 ④，谁知道刘姥姥一

tīng xiàle yí tiào. Zhè qī-bāshí jīn pángxiè, pèishàng
听吓了一跳。这七八十斤螃蟹，配上

jiǔcài, suàn qǐlai zǒnggòng děi yǒu èrshí duō liǎng yínzi
酒菜，算起来总共得有二十多两银子

ya. Zhè yí dùnfàn jiù shì Liú lǎolao tāmen quán jiā yì nián de
呀。这一顿饭就是刘姥姥他们全家一年的

kāixiao le.
开销了。

Dàjiā liáole yíhuìr zhīhòu, Liú lǎolao xiǎng gàobié
大家聊了一会儿之后，刘姥姥想告别

líkāi. Kěshì púrén guòlai shuō, Jiǎ mǔ zhīdao Liú lǎolao
离开。可是仆人过来说，贾母知道刘姥姥

lái le, xiǎng jiànjian. Liú lǎolao xiǎng:" Zìjǐ zhè
来了，想见见。刘姥姥想:"自己这

①知恩图报 be grateful and ready to return favour
e.g. 妈妈告诉我做人要知恩图报。
②野菜 n. edible wild herb
e.g. 小时候我经常跟爸妈上山去采野菜。
③山珍海味 delicacies from land and sea
e.g. 他病了，什么山珍海味都吃不下。
④螃蟹 n. crab
e.g. 螃蟹多少钱一斤？

hánsuān yàng, zěnme hǎoyìsi jiàn, gǎnjǐn huí xiāngxia
寒酸①样，怎么好意思见，赶紧回乡下
ba！" Kěshì Píng'er děng rén jiùshì bú ràng zǒu, ānwèi
吧！"可是平儿等人就是不让走，安慰
shuō："Fàngxīn, lǎotàitai rén hǎo de hěn, búhuì qiáobuqǐ
说："放心，老太太人好得很，不会瞧不起
nǐmen xiāngxiàrén de." Shuōwán jiù lāzhe Liú lǎolao qù jiàn
你们乡下人的。"说完就拉着刘姥姥去见
Jiǎ mǔ. Liú lǎolao zǒujìn Jiǎ mǔ de wū, kàndào yí gè gè
贾母。刘姥姥走进贾母的屋，看到一个个
měilì de gūniangmen, zhǎng de xiàng tiānshang de xiānnǚ
美丽的姑娘们，长得像天上的仙女
yíyàng, zài gūniangmen zhōngjiān zuòzhe yí wèi cíxiáng de
一样，在姑娘们中间坐着一位慈祥②的
lǎorén. Liú lǎolao cāi zhè yídìng shì Jiǎ mǔ le, máng
老人。刘姥姥猜这一定是贾母了，忙
shàngqián qǐng'ān, shuō："Gěi lǎoshòuxing qǐng'ān." Jiǎ
上前请安③，说："给老寿星④请安。"贾
mǔ ràng rén fúzhe Liú lǎolao zuò xiàlai, wènle tā de niánjì
母让人扶着刘姥姥坐下来，问了她的年纪
hé shēntǐ qíngkuàng. Tīngwán Liú lǎolao de huídá, Jiǎ mǔ
和身体情况。听完刘姥姥的回答，贾母
hěn gǎntàn de shuō："Nǐ shēntǐ zhēnshi hǎo, yá yě hǎo,
很感叹地说："你身体真是好，牙也好，
wèikǒu yě hǎo, qīshíwǔ suì hái néng zhème yìnglang. Wǒ
胃口也好，七十五岁还能这么硬朗⑤。我
kě bùxíng ya, néng chī jiù chīdiǎnr, néng shuì jiù
可不行呀，能吃就吃点儿，能睡就
shuìhuìr, mènle jiù hé sūnnǚmen wánxiào yíhuìr." Liú
睡会儿，闷⑥了就和孙女们玩笑一会儿。"刘
lǎolao xiàozhe shuō："Wǒmen yě dàoshì xiǎng ya, kě wǒmen
姥姥笑着说："我们也倒是想呀，可我们
méi zhè fúqi, xiǎng chī dàyú-dàròu, mǎibuqǐ ya,
没这福气⑦，想吃大鱼大肉，买不起呀，

①寒酸 adj. shabby; shabbily dressed
e.g. 他家里连一双多余的筷子都没有，十分寒酸。
②慈祥 adj. kind and serene
e.g. 奶奶慈祥地看着怀里的孙子。
③请安 v. pay respects (usu. to elders) by doing a curtsey
e.g. 新娘一早就去给长辈们请安了。
④寿星 n. god of longevity, an address for senior people with respect
e.g. 今天是小王的生日，让我们都敬寿星一杯！
⑤硬朗 adj. hale; sturdy; healthy
e.g. 这位老先生身体还像以前一样硬朗。
⑥闷 adj. bored; in low spirits
e.g. 整天呆在家里，实在是太闷了！
⑦福气 n. good fortune; happy lot
e.g. 她的孩子都很有出息，真是个有福气的人。

zhǐ néng kào zhòngdì yǎnghuo zìjǐ . Gèwèi dàyú-dàròu
只 能 靠 种 地① 养 活 自 己。各 位 大 鱼 大 肉

chīduō le , chángchang wǒ zhè cì dàilái de yěcài ba . "
吃 多 了, 尝 尝 我 这 次 带 来 的 野 菜 吧。"

Jiǎ mǔ xiūxile yíhuìr , jiù dàizhe Liú lǎolao
贾 母 休 息 了 一 会 儿, 就 带 着 刘 姥 姥

guānshǎng Dàguān Yuán . Liú lǎolao zuǒ kànkan yòu kànkan .
观 赏 大 观 园。刘 姥 姥 左 看 看 右 看 看,

juéde kàn nǎr dōu gēn kàn huàr shìde , zhēnshi
觉 得 看 哪 儿 都 跟 看 画 儿 似 的, 真 是

měi jí le , yí bù xiǎoxīn , jiù shuāidǎo zài dì shang le .
美 极 了, 一 不 小 心, 就 摔 倒 在 地 上 了。

Shuāidǎole zhīhòu , tā liánmáng shuō : " Méi guānxì , bú
摔 倒 了 之 后, 她 连 忙 说:"没 关 系, 不

yàojǐn , bú yàojǐn . " Zhòngrén dōu xiàole qǐlai . Liú
要 紧, 不 要 紧。" 众 人 都 笑 了 起 来。刘

lǎolao yě bù shēngqì , shuō zìjǐ shì zhuāngjiarén , nǎ tiān
姥 姥 也 不 生 气, 说 自 己 是 庄 稼 人②, 哪 天

bù shuāidǎo yí cì liǎng cì de ne . Jiǎ mǔ máng jiào rén fú Liú
不 摔 倒 一 次 两 次 的 呢。贾 母 忙 叫 人 扶 刘

lǎolao qǐlai , kànkan Liú lǎolao shuāishāng méiyǒu .
姥 姥 起 来, 看 看 刘 姥 姥 摔 伤 没 有。

Dàjiā zài Dàguān Yuán zhōng zǒudàole Lín Dàiyù de
大 家 在 大 观 园 中 走 到 了 林 黛 玉 的

guīfáng . Liú lǎolao kàn de mùdèng-kǒudāi . Jiǎ mǔ shuō :
闺 房③。刘 姥 姥 看 得 目 瞪 口 呆④。贾 母 说:

" Zhè wū li chuāngshā jiù le , yòu yǔ wàimiàn jǐngsè bù
"这 屋 里 窗 纱⑤ 旧 了, 又 与 外 面 景 色 不

xiāngpèi , huàn xiē xīn de guòlai . " Liú lǎolao shuō : " Wǒmen
相 配, 换 些 新 的 过 来。" 刘 姥 姥 说:"我 们

zuò yīfu dōu shěbude yòng shā ne , hái yònglái zuò
做 衣 服 都 舍 不 得 用 纱 呢, 还 用 来 做

chuāngshā , tài kěxī le . Jiǎ mǔ huídá : " Zhèyàng de
窗 纱, 太 可 惜 了。" 贾 母 回 答:"这 样 的

①种地 v. farm; till the land
e.g. 他不愿意一直种地,
就进城打工去了。
② 庄稼人 n. farmer
e.g. 他穿得土气,像个
庄稼人。
③闺房 n. boudoir; a
maiden's chamber
e.g. 姑娘的闺房外人不
能随便进。
④目瞪口呆 dumbstruck;
be struck dumb with
one's eyes and mouth
open because of surprise
and shock
e.g. 他们听了这个消息,
都吓得目瞪口呆。
⑤窗纱 n. gauze on a
window
e.g. 透过窗纱,她看见
外面有人。

shā zuò yīfu bù hǎokàn．"
纱做衣服不好看。"

Guàng lái guàng qù dàole chī fàn de shíhou le， dàjiā
逛 来 逛 去 到 了 吃 饭 的 时 候 了，大 家
zài yìqǐ zhǔnbèi chī fàn． Wáng Xīfèng yào zhuōnòng Liú
在 一 起 准 备 吃 饭。 王 熙 凤 要 捉 弄 ① 刘
lǎolao， gěile tā yì shuāng xiàngyá xiāngjīn de kuàizi．
姥姥，给 了 她 一 双 象 牙 ② 镶 金 ③ 的 筷 子。
Zhè xiàngyá xiāngjīn de kuàizi yòu cháng yòu zhòng， hǎokàn què
这 象 牙 镶 金 的 筷 子 又 长 又 重，好 看 却
bù hǎoyòng． Liú lǎolao kàndào pánzi li de gēzidàn ，
不 好 用。刘 姥 姥 看 到 盘 子 里 的 鸽 子 蛋 ④，
gǎntàn de shuō："Zhèli de jǐ zhǎng de hǎokàn， xià de dàn
感 叹 地 说："这 里 的 鸡 长 得 好 看，下 的 蛋
yě piàoliang， wǒ děi chángchang．"Wáng Xīfèng xiàozhe shuō：
也 漂 亮，我 得 尝 尝。"王 熙 凤 笑 着 说：
"Nà kě děi hǎohāo chángchang， yì liǎng yínzi yí gè ne！"
"那 可 得 好 好 尝 尝，一 两 银 子 一 个 呢！"
Liú lǎolao názhe yòu cū yòu dà de xiàngyá xiāngjīn kuàizi zài
刘 姥 姥 拿 着 又 粗 又 大 的 象 牙 镶 金 筷 子 在
pánzi li jiā gēzidàn， jiùshì jiābúzhù， hǎobù róngyì
盘 子 里 夹 ⑤ 鸽 子 蛋，就 是 夹 不 住，好 不 容 易
cái jiāqǐ yí gè lái． Shuí zhīdao zhè kuàizi zhēnde bù
才 夹 起 一 个 来。谁 知 道 这 筷 子 真 的 不
hǎoyòng， hái méi sòngdào zuǐ li ne， gēzidàn jiù gǔndào
好 用，还 没 送 到 嘴 里 呢，鸽 子 蛋 就 滚 到
dì shang qù le． Liú lǎolao mǎshàngfàngxià kuàizi qù jiǎn， kě
地 上 去 了。刘 姥 姥 马 上 放 下 筷 子 去 捡，可
púrén zǎojiù bǎ diào zài dì shang de gēzidàn shōushi zǒu le．
仆 人 早 就 把 掉 在 地 上 的 鸽 子 蛋 收 拾 走 了。
Liú lǎolao tànle yì kǒu qì， shuō："Yì liǎng yínzi jiù zhème
刘 姥 姥 叹 了 一 口 气，说："一 两 银 子 就 这 么
méi le． Jiǎ mǔ xiàozhe shuō："Búyào ná lǎolao kāixīn le，
没 了。"贾 母 笑 着 说："不 要 拿 姥 姥 开 心 了，

①捉弄 v. make fun of;
play tricks on
e.g. 你老是捉弄我，我
不跟你玩了！
②象牙 n. ivory
e.g. 政府禁止买卖象牙。
③镶金 inlaid with gold
e.g. 他送了我一个镶金
的玉镯。
④鸽子蛋 n. pigeon egg
e.g. 鸽子蛋比鸡蛋小多
了。
⑤夹 v. pick up (food with
chopsticks)
e.g. 她夹了一个汤圆放
到碗里。

gěi huàn yì shuāng hǎoyòng de kuàizi ya . " Jiù zhèyàng ,
给 换 一 双 好用 的 筷子 呀。" 就 这样,

xiàngyá xiāngjīn kuàizi ná xiàqu le , huànle yì shuāng yín
象牙 镶金 筷子 拿 下去 了, 换了 一 双 银

kuàizi . Wáng Xīfèng shuō : " Yàoshi fàncài yǒu dú , yín
筷子。 王 熙凤 说:"要是 饭菜 有毒①, 银

kuàizi jiù kěyǐ shì de chūlai . " Liú lǎolao kě bú zàihu
筷子 就 可以 试 得 出来。" 刘 姥姥 可 不 在乎

fàncài li yǒu méiyǒu dú . Tā shuō : " Jiùsuàn fàncài li
饭菜 里 有 没有 毒。 她 说:"就算 饭菜 里

yǒu dú , zhèxiē fàncài zhème hǎochī , wǒ yě yào quán chīle
有毒, 这些 饭菜 这么 好吃, 我 也 要 全 吃了

ya . " Dàjiā hāhā dà xiào qǐlai . Liú lǎolao yòu hēle diǎn
呀。" 大家 哈哈 大 笑 起来。 刘姥姥 又 喝了 点

xiǎojiǔ , chī de kāixīn jí le .
小酒, 吃得 开心 极了。

Liú lǎolao zài Jiǎ Fǔ dāile jǐ tiān , jiù zhǔnbèi huí jiā
刘 姥姥 在 贾府 待了 几 天, 就 准备 回家

le . Zài huíqu zhīqián , tā xiàng Píng'er gàobié , kàndào kàng
了。 在 回去 之前, 她 向 平儿 告别, 看到 炕

shang duīmǎnle dōngxi . Píng'er duì Liú lǎolao shuō : " Zhè shì
上 堆满了 东西。 平儿 对 刘 姥姥 说:"这是

qīngshā yì pǐ , lìngwài hái sòng nǐ báishā zuò lǐzi . Zhè gè
青纱 一 匹, 另外 还 送 你 白纱 做 里子。 这个

bāo lǐmiàn shì liǎng pǐ chóuzi , gěi nǐmen xià bànnián zuò
包 里面 是 两 匹 绸子②, 给 你们 下 半年 做

yīfu chuān . Zhè hézi li zhuāng de shì gè zhǒng xiǎo
衣服 穿。 这 盒子 里 装 的 是 各 种 小

bōbo , yǒu nǐ chīguo de , yě yǒu nǐ méi chīguo de . Zhè
饽饽③, 有 你 吃过 的, 也有 你 没吃过 的。 这

gè dàizi li zhuāngle liǎng dǒu jīngmǐ , zhǔ zhōu shì hěn
个 袋子 里 装了 两 斗 粳米④, 煮 粥⑤ 是 很

hǎo de . Zhè gè dàizi li shì yuánzi li de shuǐguǒ . Zhè yì
好 的。 这个 袋子 里 是 园子 里 的 水果。 这一

①毒 n. poison
e.g. 蛇是有毒的。
② 绸子 n. silk fabric
e.g. 绸子做的衣服穿起
来很舒服。
③ 饽饽 n. cakes and
pastries
e.g. 姥姥家有好吃的饽
饽。
④ 粳米 n. polished
round-grained rice
e.g. 粳米煮粥是很好喝
的。
⑤粥 n. porridge
e.g. 早饭我一般喝粥。

bāo shì bā liǎng yínzi . Zhèxiē dōu shì nǎinai gěi nǐ de . Zhè
包是八两银子。这些都是奶奶给你的。这

liǎng gè bāo měi bāo wǔshí liǎng yínzi , yígòng yìbǎi liǎng ,
两个包每包五十两银子，一共一百两，

shì tàitai gěi nǐ de , jiào nǐ zuò gè xiǎo mǎimai , huòzhě
是太太给你的，叫你做个小买卖①，或者

mǎi tián mǎi dì , yǐhòu jiù búyòng qiúqīn-kàoyǒu le . "
买田买地，以后就不用求亲靠友②了。"

Píng'er gěi yí yàng dōngxi , Liú lǎolao jiù niàn yí jù
平儿给一样东西，刘姥姥就念一句

" ēmítuófó " . Tā yǐjīng niànfó niànle qiānwàn
"阿弥陀佛③"。她已经念佛④念了千万

biàn le .
遍了。

Zuìhòu , Píng'er yòu xiàozhe shuō : " Zhè liǎng jiàn
最后，平儿又笑着说："这两件

mián'ǎo hé liǎng tiáo qúnzi , hái yǒu sì gè bāotou , yì
棉袄⑤和两条裙子，还有四个包头⑥、一

bāo róngxiàn , shì wǒ sòng gěi lǎolao de . Yīfu qúnzi
包绒线，是我送给姥姥的。衣服裙子

suīrán shì jiù de , dànshì wǒ yě méi zěnme chuān , nín
虽然是旧的，但是我也没怎么穿，您

qiānwàn bié xiánqì . " Liú lǎolao gǎnmáng xiàozhe shuō :
千万别嫌弃⑦。"刘姥姥赶忙笑着说：

" Nǎli de huà ! Zhèyàng de hǎo dōngxi , wǒ zěnme huì
"哪里的话！这样的好东西，我怎么会

xiánqì . Wǒ jiùshì yǒu yínzi , dōu bù zhīdao qù nǎ li mǎi
嫌弃。我就是有银子，都不知道去哪里买

ne . Wǒ zhǐshì juéde shōuxiàle yòu bù hǎoyìsi , bù shōu ,
呢。我只是觉得收下了又不好意思，不收，

yòu duìbuqǐ gūniang nǐ de hǎoyì . "
又对不起姑娘你的好意。⑧"

①买卖 *n.* business
e.g. 现在买卖不好做。
②求亲靠友 ask favours
of relatives and friends
e.g. 一个人不能总是求
亲靠友，自己要独立。
③阿弥陀佛 *n.* (Sanskrit)
Amitabha; (in prayers)
merciful Buddha
e.g. 她进了寺院，马上
念了一句"阿弥陀佛"。
④念佛 *v.* pray to Buddha;
say "Holy Names"
e.g. 老太太每天念佛，
希望菩萨保佑全家。
⑤棉袄 *n.* cotton-padded
jacket
e.g. 她给女儿做了一件
红棉袄。
⑥包头 *n.* head kerchief
e.g. 这块包头真好看。
⑦嫌弃 *v.* dislike and avoid
e.g. 我们不应该嫌弃自
己的父母。
⑧好意 *n.* kindness; good
intention
e.g. 你对我的好意，我
都明白。

Jiǎ mǔ , Fèngjiě děng rén duì Liú lǎolao fēicháng rèqíng ,
贾母、凤姐 等 人 对 刘姥姥 非 常 热 情，

búdàn sòng gěi tā hǎo dōngxi , hái sòng gěi tā yínzi .
不 但 送 给 她 好 东 西，还 送 给 她 银 子。

Hòulái , Jiǎ Fǔ mòluò le , méiyǒu rén yuànyì hé Jiǎ Fǔ
后 来，贾 府 没 落 了，没 有 人 愿 意 和 贾 府

láiwǎng , dànshì Liú lǎolao yìzhí jìzhe dàngnián de ēnqíng .
来 往，但 是 刘 姥姥 一 直 记 着 当 年 的 恩 情。

Wáng Xīfèng sǐle yǐhòu , Liú lǎolao jiùle tā de nǚ'ér
王 熙 凤 死 了 以 后，刘 姥姥 救 了 她 的 女 儿

Qiǎojiě , bàodále Jiǎ Fǔ de ēnqíng .
巧 姐，报 答 了 贾 府 的 恩 情。

一、词语注释 Notes

1. 刘姥姥 Granny Liu

一个与贾家有远亲关系的乡下老年妇女。她朴实憨拙，是典型的农家人。她乐观进取，即使生活很艰难，依旧直面困难。她机敏睿智，善于察言观色，说话风趣幽默。在贾府做客期间，她逗得贾府众人开怀大笑。她知恩图报，心地善良，在贾家败落的时候把凤姐的女儿巧姐嫁给了一户好人家。

An old countrywoman and a distant relative of the Jia family. She is a typical representative of a woman from a farmer's family, with an ingenuous and down-to-earth personality. She is optimistic about life and has the courage to face reality even when she faces tough times. She is alert, resourceful, wise and far-sighted, with an extraordinary skill for carefully weighing up other people's words and guessing their thoughts, which makes her an amusing visitor in the Jia family. Granny Liu is also kindhearted and grateful to the Jia family for the help they give her when her family is in hardship. When the Jia family falls, she saves Qiaojie (Wang Xifeng's daughter) and marries her into a decent and well-to-do family.

2. 刘姥姥进大观园 Granny Liu visits the Grand View Garden

刘姥姥是一个乡下人，当她来到贾府参观豪华的大观园时，她见到的一切都是新奇、不可思议的。现在用"刘姥姥进大观园"比喻没见过世面的人大开眼界。

An interesting episode in the story that gives a vivid description of Granny Liu's eye-opening experience in the Grand View Garden. Everything Granny Liu sees appears to be novel and unbelievable. It is used as an analogy to describe when a person sees and experiences different lifestyles in a new place for the first time.

3. 连宗 two families of the same surname form a kindred clan

宗即宗族。封建社会时，同姓没有宗族关系的人认作本家为"连宗"。在故事中，刘姥姥是贾家的远房亲戚，她女婿的祖上和宝玉母亲王夫人的祖上关系十分亲密，所以连了宗。冬天，刘姥姥家在乡下生活十分困苦，所以她来到贾家求助。

A practice in feudal China that involved claiming kinship between families who shared the same surname but were not related by blood. Zong (宗) refers to a clan. In the story, Granny Liu (刘姥姥) is a distant relative of the Jia family. Her son-in-law's ancestor has a close relationship with the ancestor of Baoyu's mother, Madam Wang (王夫人), so they decided that the two families form a kindred clan.

When Granny Liu's family lives miserably in the winter in the countryside, she comes to the Jia family for help.

4. 平儿 Ping'er

王熙凤的陪房丫头，贾琏之妾，是个极聪明、极清俊的女孩儿。她忠心事主，帮着凤姐料理事务。虽然是凤姐的心腹，但她从不弄权仗势欺人。她为人很好，心地善良，常背着王熙凤做些好事。她从不跟贾琏厮混，从来不与凤姐争风吃醋，而是处处让着凤姐。最后凤姐死后，她被扶正。

A maidservant who follows Wang Xifeng to her husband's house as her personal maid and serves as Jia Lian's concubine. She is extremely intelligent and graceful in manner. She is loyal to Wang Xifeng, her mistress, and helps her wholeheartedly. Although she is the trusted subordinate of Wang Xifeng, she never manipulates power for personal ends over people. She always conducts herself properly and is kind to all the unfortunate people around her. She often helps people without Wang Xifeng's knowledge. As Jia Lian's concubine, she never fools around with him or fights for his affection, but instead always puts Wang Xifeng first. She becomes Jia Lian's wife after Wang Xifeng's death.

二、思考题 Reading Comprehension Questions

1. 刘姥姥第一次来荣国府做什么？
2. 刘姥姥第二次来荣国府带了什么东西？她为什么带这些东西？
3. 吃饭的时候，王熙凤是怎么捉弄刘姥姥的？
4. 刘姥姥离开贾府的时候，收到了哪些人送给她的钱和东西？

十一、鸳鸯^[1]誓死^①不嫁

Shíyī,　Yuānyang shìsǐ　bú jià

① 誓死 *adv.* pledging one's life
e.g. 他誓死不离开祖国。

Guide to reading:

Yuanyang (鸳鸯) is Grandma Jia's (贾母) beautiful and smart maid. She wins Grandma Jia's trust and fondness. Grandma Jia's elder son, Jia She (贾赦), is selfish and a vicious womanizer. He wants to take Yuanyang as a concubine so that he will not only get a beautiful woman but also get a big fortune as dowry from his mother. Madam Xing (邢夫人), Jia She's wife, is afraid of her husband and eager to please him. She tries to help persuade Yuanyang and her family to consent to the proposal. Yuanyang refuses to marry Jia She despite threats and inducements. She begs Grandma Jia not to betroth her to Jia She and promises to serve Grandma Jia all her life and commit suicide after Grandma Jia passes away. Yuanyang even makes this pledge before the whole family. As a result, Grandma Jia saves her from Jia She's vicious desire and Yuanyang keeps her promise to serve Grandma Jia wholeheartedly until her death. Upon Grandma Jia's final departure, Yuanyang kills herself and is buried beside Grandma Jia's grave.

故事正文 Story

Yuānyang shì Jiǎ mǔ shēnbiān de yāhuan, qìzhì
鸳 鸯 是 贾 母 身 边 的 丫 环，气 质①

dàfang, shuōhuà zuòshì gèng shì fēicháng détǐ . Jiǎ mǔ duì
大方，说 话 做 事 更 是 非 常 得 体②。贾 母 对

Yuānyang tèbié xìnrèn, zìjǐ de cáiwù yě dōu jiāo gěi
鸳 鸯 特 别 信 任，自 己 的 财 物③也 都 交 给

Yuānyang lái bǎoguǎn . Jiǎ mǔ líbukāi Yuānyang, méile
鸳 鸯 来 保 管④。贾 母 离 不 开 鸳 鸯，没 了

Yuānyang kě bùdéliǎo .
鸳 鸯 可 不 得 了。

Jiǎ mǔ de dà'érzi Jiǎ Shè shífēn hàosè . Suīrán tā
贾 母 的 大 儿 子 贾 赦[2] 十 分 好 色。虽 然 他

yǐjīng yǒule jǐ gè xiǎoqiè, kěshì kànzhe Yuānyang múyàng
已 经 有 了 几 个 小 妾，可 是 看 着 鸳 鸯 模 样⑤

hǎokàn, yòu dé Jiǎ mǔ de xìnrèn, xīnli xiǎng, rúguǒ
好 看，又 得 贾 母 的 信 任，心 里 想，如 果

Yuānyang yě zuòle zìjǐ de xiǎolǎopo, nà jiù jì kěyǐ
鸳 鸯 也 做 了 自 己 的 小 老 婆⑥，那 就 既 可 以

qǔ gè piàoliang xífu, yòu néng cóng Jiǎ mǔ nàr huòdé
娶 个 漂 亮 媳 妇，又 能 从 贾 母 那 儿 获 得

cáiwù, zhè bú shì yíjiàn-shuāngdiāo ma ? Yúshì, Jiǎ Shè
财 物，这 不 是 一 箭 双 雕⑦ 吗? 于 是，贾 赦

jiù bǎ zhè jiàn shì jiāo gěile tā de zhèngshì fūrén Xíng fūrén
就 把 这 件 事 交 给 了 他 的 正 室 夫 人 邢 夫 人[3]

qù bàn .
去 办。

Xíng fūrén pà Jiǎ Shè, yě bù fǎnduì Jiǎ Shè qǔ
邢 夫 人 怕 贾 赦，也 不 反 对 贾 赦 娶

Yuānyang . Tā juéde, rúguǒ Jiǎ Shè néng cóng Jiǎ mǔ
鸳 鸯。她 觉 得，如 果 贾 赦 能 从 贾 母

nàli dédào cáiwù, duì zìjǐ lái shuō yě shì yǒu hǎochu
那 里 得 到 财 物，对 自 己 来 说 也 是 有 好 处

① 气质 n. temperament
e.g. 你的妈妈真有气质!
② 得体 adj. appropriate to the occasion
e.g. 这话说得很不得体。
③ 财物 n. property; belongings
e.g. 连命都快没了，还提什么财物?
④ 保管 v. take care of; safely keep
e.g. 我的毕业证请您替我保管。
⑤ 模样 n. appearance; look
e.g. 最好的爱情是什么模样?
⑥ 小老婆 n. concubine
e.g. 地主有好几个小老婆。
⑦ 一箭双雕 kill two birds with one stone
e.g. 马云在全球的巡回演讲起到了一箭双雕的作用。一是吸引客户，二是吸引风险投资。

de . Xíng fūrén   yǐwéi Yuānyang yídìng huì tóngyì zhè mén
的。邢夫人以为鸳鸯一定会同意这门

qīnshi , jiù zhíjiē qù zhǎo tā .
亲事①，就直接去找她。

Xíng fūrén yì zhāngkǒu jiù duì Yuānyang shuō："Gōngxǐ
邢夫人一张口就对鸳鸯说："恭喜②

ya , gōngxǐ！" Yuānyang xīnli cāichūle Xíng fūrén de
呀，恭喜！"鸳鸯心里猜出了邢夫人的

yìsi , dīxià tóu , hóngle liǎn , yí jù huà yě bù shuō .
意思，低下头，红了脸，一句话也不说。

Xíng fūrén gǎnjué Yuānyang yǒuxiē yóuyù , jiēzhe shuō："Nǐ
邢夫人感觉鸳鸯有些犹豫，接着说："你

kàn wǒmen jiā dàlǎoye shēnbiān yě méiyǒu kěkào de rén,
看我们家大老爷身边也没有可靠的人，

xiǎng mǎi gè xiǎolǎopo yòu bú fàngxīn . Zhǎo gè zìjǐ jiā li
想买个小老婆又不放心。找个自己家里

de rén , bǐcǐ dōu hěn liǎojiě , zhèyàng duō hǎo a！Nǐ
的人，彼此都很了解，这样多好啊！你

zhǎng de piàoliang , yòu dàole chūjià de niánjì , jiù jià gěi
长得漂亮，又到了出嫁的年纪，就嫁给

wǒmen jiā dàlǎoye zěnmeyàng？"
我们家大老爷怎么样？"

Yuānyang bù shuōhuà . Tā yìzhí gēn zài Jiǎ mǔ
鸳鸯不说话。她一直跟在贾母

shēnbiān , yìxīn fúshi lǎotàitai , gēnběn bù xiǎng jià rén .
身边，一心服侍老太太，根本不想嫁人。

Dànshì Xíng fūrén juéde Yuānyang bù shuōhuà shì yīnwèi
但是邢夫人觉得鸳鸯不说话是因为

hàixiū , yúshì jiēzhe shuō："Nǐ yàoshi bú yuànyì , nǐ
害羞③，于是接着说："你要是不愿意，你

jiù shì gè shǎ yātou . Nǐ jìnle mén , zài shēng gè háizi ,
就是个傻丫头。你进了门，再生个孩子，

zài jiā li jiù hé wǒ de dìwèi yíyàng le ."
在家里就和我的地位一样了。"

① 亲事 n. marriage
e.g. 这门亲事是他父母
活着的时候定下来的。
② 恭喜 v. congratulate
e.g. 恭喜你得了第一名！
③ 害羞 adj. bashful; shy
e.g. 她是第一次当众讲
话，有些害羞。

Yuānyang háishi bù shuōhuà. Zuìhòu Xíng fūrén zháojí
鸳鸯还是不说话。最后邢夫人着急
le, "Nǐ dàoshì shuō jù huà ya, nǐ bù hǎoyìsi, wǒ jiù
了，"你倒是说句话呀，你不好意思，我就
zhǎo nǐmen jiālirén gěi nǐ zuòzhǔ①." Xíng fūrén shuōwán
找 你们家里人给你做主①。"邢夫人说完
jiù zǒu le.
就走了。

Xíng fūrén qù zhǎo Yuānyang de jiārén tán zhè mén
邢夫人去找鸳鸯的家人谈这门
qīnshi. Yuānyang de jiārén tīngle gāoxìng de bùdéliǎo,
亲事。鸳鸯的家人听了高兴得不得了，
xīn xiǎng, yàoshi Yuānyang néng jià gěi Jiǎ Shè, nà jiù shì
心想，要是鸳鸯能嫁给贾赦，那就是
máquè biàn fènghuáng [4] le, cóngcǐ zìjǐ yì jiā rén jiù
麻雀变凤凰[4]了，从此自己一家人就
chūrén-tóudì② le. Tāmen mǎshàng dāyingle Xíng fūrén.
出人头地②了。他们马上答应了邢夫人。

Yuānyang de sǎozi lái gēn Yuānyang dàoxǐ③, Yuānyang
鸳鸯的嫂子来跟鸳鸯道喜③，鸳鸯
fēicháng shēngqì, xiàng sǎozi de liǎn shang hěnhěn de tǔle yì
非常生气，向嫂子的脸上狠狠地吐了一
kǒu kǒushuǐ. Yuānyang shuō zìjǐ de jiārén quàn zìjǐ jià gěi
口口水。鸳鸯说自己的家人劝自己嫁给
Jiǎ Shè lǎoye, jiùshì xiǎng dédào gè zhǒng hǎochu, gēnběn
贾赦老爷，就是想得到各种好处，根本
bù kǎolù zìjǐ de sǐhuó. Yuānyang suīrán zhǐ shì yāhuan,
不考虑自己的死活。鸳鸯虽然只是丫环，
dàn tā bù xiǎng fēihuáng-téngdá④. Tā juéde zìjǐ shòule Jiǎ
但她不想飞黄腾达④。她觉得自己受了贾
mǔ de ēnhuì⑤, jiù yào yíbèizi⑥ fúshi lǎotàitai,
母的恩惠⑤，就要一辈子⑥服侍老太太，
hǎohāo bàodá tā. Lǎotàitai huó yì tiān, tā jiù shìfèng⑦ yì
好好报答她。老太太活一天，她就侍奉⑦一

① 做主 v. decide; have the final say
e.g. 我们家大事都是爸爸做主。

② 出人头地 stand out among one's peers; excel
e.g. 父母希望孩子将来能出人头地。

③ 道喜 v. congratulate sb. on a happy occasion
e.g. 小张顺利生下了一个女儿，大家都来道喜。

④ 飞黄腾达 get rapid promotion; make rapid advances in one's career
e.g. 七年前他辞职创业，现在事业飞黄腾达。

⑤ 恩惠 n. kindness
e.g. 父母的恩惠比海深。

⑥ 一辈子 n. a lifetime; all one's life
e.g. 我一辈子也不会忘记我结婚那一天。

⑦ 侍奉 v. serve; wait upon
e.g. 他最大的心愿就是回到母亲身边侍奉母亲。

tiān, yàoshi nǎ tiān lǎotàitai qùshì le, tā yě gēnzhe tā
天，要是哪天老太太去世了，她也跟着她
qù le, dào shíhou hái shìfèng tā. Sǎozi nàxiē rén gēnběn
去了，到时候还侍奉她。嫂子那些人根本
bù lǐjiě Yuānyang, dāngrán dàlǎoye Jiǎ Shè yě lǐjiě
不理解鸳鸯，当然大老爷贾赦也理解
bùliǎo. Yuānyang yìzhí zài kū, yì wǎnshang dōu méiyǒu
不了。鸳鸯一直在哭，一晚上都没有
shuìzháo jiào.
睡着觉。

Jiǎ Shè tīngshuō Yuānyang bù tóngyì, yǐwéi shì Yuānyang
贾赦听说鸳鸯不同意，以为是鸳鸯
xiánqì tā lǎo le, jiù shuō: "Zìgǔ Cháng'é ài shàonián,
嫌弃他老了，就说："自古嫦娥爱少年[5]，
tā yídìng shì xiánqì wǒ lǎole ba? Kěnéng tā xǐhuan niánqīng
她一定是嫌弃我老了吧？可能她喜欢年轻
de shàoyemen, duōbàn shì kànshàngle Bǎoyù, huòzhě shì
的少爷①们，多半是看上了宝玉，或者是
Jiǎ Liǎn. Rúguǒ zhēnshì zhèyàng, jiù jiào tā sǐle zhè tiáo
贾琏。如果真是这样，就叫她死了这条
xīn. Wǒ yàoshi qǔbudào Yuānyang, shuí yě bié xiǎng dédào.
心。我要是娶不到鸳鸯，谁也别想得到。
Bié yǐwéi wǒ mǔqin xīnténg tā, tā jiù kěyǐ jiàdào wàimiàn
别以为我母亲心疼她，她就可以嫁到外面
qù. Wúlùn tā jià gěi shuí, yě táobuchū wǒ de shǒuxīn.
去。无论她嫁给谁，也逃不出我的手心。
Yàome tā sǐ le, yàome tā yíbèizi bù jiéhūn, fǒuzé,
要么她死了，要么她一辈子不结婚，否则，
tā jiù děi guāiguāi de gěi wǒ dāng xiǎolǎopo." Yuānyang
她就得乖乖地给我当小老婆。"鸳鸯
xìnggé jíqí gānglliè, nǎ li huì jiēshòu Jiǎ Shè de bīpò.
性格极其刚烈②，哪里会接受贾赦的逼迫③。
Tā juédìng zhíjiē gēn lǎotàitai shuōmíng zhè jiàn shì, ràng Jiǎ
她决定直接跟老太太说明这件事，让贾

① 少爷 n. young master
e.g. 她拒绝了老板家少
爷的追求。
② 刚烈 adj. upright and
unyielding
e.g. 她外表安静，内心
刚烈。
③ 逼迫 v. force sb. to do
sth.
e.g. 在生活的逼迫下，
他不得不离开家去外地
打工。

mǔ zuòzhǔ .
母做主。

Zhè tiān , gānghǎo Wáng fūrén 、 Xuē yímā 、 Lǐ Wán 、
这天， 刚好 王 夫人、薛姨妈、李纨、

Wáng Xīfèng 、 Bǎochāi děng jiěmèi dōu zài lǎotàitai wū li
王 熙凤、宝钗 等 姐妹 都 在 老太太 屋里

liáotiān . Yuānyang jìndào wū li , yìbiān kū yìbiān shuō , bǎ
聊天。 鸳鸯 进到 屋里， 一边 哭 一边 说， 把

Xíng fūrén zěnme jiǎng de , tā de sǎozi zěnme shuō de , Jiǎ
邢夫人 怎么 讲 的， 她的 嫂子 怎么 说 的， 贾

Shè dàlǎoye yòu shì zěnme shuō de , yìwǔ-yìshí de gēn
赦大老爷 又 是 怎么 说 的， 一五一十① 地 跟

Jiǎ mǔ shuō le . Tā shuō : " Yīnwèi wǒ bù xiǎng jià gěi
贾 母 说 了。 她 说：" 因为 我 不 想 嫁 给

dàlǎoye , dàlǎoye jiù shuō wǒ xīnli xiǎngzhe Bǎoyù ,
大老爷， 大老爷 就 说 我 心里 想着 宝玉，

huòzhě děngzhe jiàdào wàimiàn qù . Tā hái shuō wúlùn wǒ jià
或者 等着 嫁到 外面 去。 他 还 说 无论 我 嫁

gěi shuí , jiù suàn wǒ dàole tiānshang , zhè yíbèizi yě
给谁， 就算 我 到了 天上， 这 一辈子 也

táobuchū tā de shǒuxīn . Wǒ zhè bèizi bié shuō shì
逃不出 他 的 手心。 我 这辈子 别 说 是

' Bǎoyù ', jiù shì ' Bǎojīn ' ' Bǎoyín ' ' Bǎo
' 宝玉 '， 就 是 ' 宝金 ' ' 宝银 ' ' 宝

tiānwáng ' ' Bǎo huángdì ' wǒ dōu búhuì jià de . Jiùshì
天王 ' ' 宝皇帝 ' 我 都 不会 嫁 的。 就是

lǎotàitai bīpò wǒ , wǒ yě búhuì jià . Rúguǒ wǒ yǒu
老太太 逼迫 我， 我 也 不会 嫁。 如果 我 有

zàohua , wǒ jiù sǐ zài lǎotàitai qiánmiàn ; rúguǒ méi
造化②， 我 就 死 在 老太太 前面； 如果 没

zàohua , wǒ jiù chī yào gēn lǎotàitai yìqǐ guītiān . Wǒ
造化， 我 就 吃 药 跟 老太太 一起 归天③。 我

yàome shì sǐ , yàome jiǎnle tóufa zuò nígū , wǒ yě
要么 是 死， 要么 剪了 头发 做 尼姑④， 我 也

---

① 一五一十 relate in detail; give a detailed account

e.g. 他把单位的事情一五一十对父亲说了。

② 造化 *n.* good luck; good fortune

e.g. 她的儿子很孝顺，真是有造化！

③ 归天 *v.* pass away

e.g. 老太太不幸归天，大家都很难过，

④ 尼姑 *n.* nun

e.g. 她出家当了尼姑。

búhuì tīng gēge sǎozi de ānpái , jià gěi dàlǎoye . Wǒ
不会听哥哥嫂子的安排，嫁给大老爷。我

yào shuō de shì jiǎhuà , jiù ràng wǒ sǎngzi li zhǎng dúchuāng
要说的是假话，就让我嗓子里长 毒疮 ①

sǐdiào ! ” Shuōzhe jiù cóng xiùzi zhōng náchū jiǎndāo jiǎnle
死掉！” 说着就从袖子中拿出剪刀剪了

zìjǐ de tóufa .
自己的头发。

Jiǎ mǔ tīngle Yuānyang yí dùn kūsù , qì de húnshēn
贾母听了鸳鸯一顿哭诉，气得浑身

fādǒu . Zhòngrén liánmáng quànzǔ , Jiǎ mǔ cái mànmàn
发抖。众人连忙劝阻，贾母才慢慢

píngjìng xiàlai . Zhīhòu , Xíng fūrén lái bàijiàn Jiǎ mǔ , bèi
平静下来。之后，邢夫人来拜见贾母，被

Jiǎ mǔ màle yí dùn , zhè jiàn shì cái suàn jiéshù . Yuānyang
贾母骂了一顿，这件事才算结束。鸳鸯

cóngcǐ yìzhí dāi zài Jiǎ mǔ shēnbiān , zhídào Jiǎ mǔ qùshì .
从此一直待在贾母身边，直到贾母去世。

Jiǎ mǔ qùshì zhīhòu , Yuānyang zhēnde zìshā le .
贾母去世之后，鸳鸯 真的自杀了。

---

① 毒疮 *n.* sore; skin
ulcer
e.g. 他的腿上长了毒疮，
必须动手术。

一、词语注释 Notes

1. 鸳鸯 Yuanyang
贾母最信任的丫环，在贾府的丫环中地位最高，美貌但性格倔强，视金钱如粪土。
Grandma Jia's most trusted maid. She enjoys the highest status among the young maids in the Jia family. She is beautiful, unyielding and has no interest in wealth.

2. 贾赦 Jia She
贾母的大儿子，荣国府的男主人之一。他在朝廷做官，但是游手好闲并且好色，品德很坏。他在贾府的地位没有贾政高。
The eldest son of Grandma Jia, one of the masters of Rongguo Mansion. He is an official in the government. Being lazy, good for nothing and lascivious, he doesn't enjoy the same status as Jia Zheng in the Jia family.

3. 邢夫人 Madame Xing
贾赦的续弦，没有儿女，在贾府中的地位不高。
Jia She's second wife after the death of his first wife. She doesn't have any children and does not have much say in the Jia family.

4. 麻雀变凤凰 a sparrow transforms into a phoenix
通常是指一个穷人家或者下等阶层的女孩儿变成贵族或

者进入上流社会。在故事中，如果鸳鸯嫁给了贾赦，那么她将不再是丫环，可以享受奢侈的贵族生活。但是鸳鸯将自己的一生都奉献给了贾母，拒绝嫁给贾赦。

Usually used to describe a girl from a poor family or a lower position elevated to become a member of the aristocracy or to a higher position in society. In the story, if Yuanyang (鸳鸯) agrees to marry Jia She (贾赦), she would no longer be a maidservant. She would become a concubine and enjoy a luxurious aristocratic life. But Yuanyang prefers to serve Grandma Jia (贾母) her whole life rather than marry Jia She.

5. 自古嫦娥爱少年 Chang'e the beauty loves a handsome boy
嫦娥是中国民间传说和文学作品中美丽的月亮女神。故事中鸳鸯不同意嫁给贾赦，贾赦就以为是鸳鸯嫌他老。

Chang'e (嫦娥) is the beautiful Moon Goddess figuring prominently in Chinese legend and literature. In this story, Jia She assumes that Yuanyang refuses to marry him because she prefers a younger man.

二、思考题 Reading Comprehension Questions

1. 贾赦为什么要娶鸳鸯？邢夫人为什么同意他这么做？
2. 鸳鸯是怎么想的？她的性格怎样？
3. 鸳鸯最后嫁给贾赦了吗？谁帮助了她？

十二、紫鹃[1]试探宝玉

Guide to reading:

Baoyu (宝玉) and Daiyu (黛玉) love each other truly and wholeheartedly. But in the past, marriage had to be decided by parents. Since both of Daiyu's parents have passed away and she lives in her grandmother's home, she does not know who will arrange her marriage. She is sad and buries her love for Baoyu at the bottom of her heart. Other people in the Jia family pretend not to know or do not care about it. Only Zijuan (紫鹃), Daiyu's caring and loving maid, understands her true feelings. One day Zijuan tests Baoyu's love for Daiyu and finally gets a satisfactory answer.

故事正文 Story

Jiǎ Bǎoyù hé Lín Dàiyù cóngxiǎo yìqǐ zhǎngdà, bǐcǐ
贾宝玉和林黛玉从小一起长大，彼此
zhījiān wúhuà-bùshuō, liǎng gè rén de xīnyì yě dōu zài
之间无话不说，两个人的心意①也都在
duìfāng shēnshang. Suīrán Bǎoyù rèndìng jīnshēng-jīnshì yào
对方身上。虽然宝玉认定②今生今世③要
hé Dàiyù zài yìqǐ, kěshì Dàiyù de fùmǔ dōu yǐjīng
和黛玉在一起，可是黛玉的父母都已经
qùshì, hūnyīn dàshì méiyǒu rén néng gěi tā zuòzhǔ, tā
去世，婚姻大事没有人能给她做主，她
xīnzhōng nánmiǎn shāngxīn. Dàiyù zhǐnéng bǎ duì Bǎoyù de
心中难免伤心。黛玉只能把对宝玉的
xīnyì mái zài xīnli.
心意埋在心里。

Yǒu yì tiān, Bǎoyù qù kàn Dàiyù, jiàn tā zhèngzài
有一天，宝玉去看黛玉，见她正在
wǔxiū, yě jiù méiyǒu dǎrǎo. Bǎoyù zǒudào zǒuláng shang,
午休，也就没有打扰。宝玉走到走廊④上，
kànjiàn Zǐjuān zài zuò zhēnxiànhuó, jiù zǒudào tā shēnbiān,
看见紫鹃在做针线活，就走到她身边，
shēn shǒu mōle yíxià tā de yīfu, bìng gàosu tā xiǎoxīn
伸手摸了一下她的衣服，并告诉她小心
zháoliáng. Zǐjuān suīrán shì Dàiyù shēnbiān de yāhuan, dàn
着凉。紫鹃虽然是黛玉身边的丫环，但
tóng Dàiyù de gǎnqíng xiàng jiěmèi yíyàng qīnmì, píngshí hé
同黛玉的感情像姐妹一样亲密，平时和
Bǎoyù zhījiān guānxi yě búcuò, shuōhuà yě hěn suíbiàn.
宝玉之间关系也不错，说话也很随便。
Zǐjuān gēn Bǎoyù kāi wánxiào shuō: "Xiànzài dàjiā yě dōu
紫鹃跟宝玉开玩笑⑤说："现在大家也都
zhǎngdà le, yǐhòu jiù búyào zhèyàng dòngshǒu-dòngjiǎo de,
长大了，以后就不要这样动手动脚的，

① 心意 n. intention; feelings; regard
e.g 这件衣服是他的心意，我一定会穿。
② 认定 v. firmly believe
e.g. 他认定敌人一定有埋伏。
③ 今生今世 all one's life; this very life
e.g. 我们今生今世一定要在一起。
④ 走廊 n. corridor; hallway
e.g. 她站在走廊里等孩子下课。
⑤ 开玩笑 make fun of; say sth. that is not serious or true
e.g. 别开玩笑了，你知道我是什么意思。

ràng rén kàn jiàn bù hǎo . " Shuōzhe jiù huí wū le .
让 人 看 见 不 好。"说 着 就 回 屋 了。

Bǎoyù tīngdào zhè huà , xiǎngdào dàjiā dōu zhǎngdà le ,
宝 玉 听 到 这 话, 想 到 大 家 都 长 大 了,

què méiyǒu xiǎoshíhou nàme qīnmì le , xīnzhōng mǎn shì
却 没 有 小 时 候 那 么 亲 密 了, 心 中 满 是

shānggǎn . Bǎoyù xiǎngdào zhèli , lènglèng de zhàn zài wū
伤 感 ①。宝 玉 想 到 这 里, 愣 愣 地 站 在 屋

wài fādāi . Xuěyàn shì Dàiyù wū li de lìng yí gè yāhuan .
外 发 呆。雪 雁 [2]是 黛 玉 屋 里 的 另 一 个 丫 环。

Tā jiàndào Bǎoyù fādāi de yàngzi , huí wū hòu gēn Zǐjuān
她 见 到 宝 玉 发 呆 的 样 子, 回 屋 后 跟 紫 鹃

jiǎngqǐ jiàndào Bǎoyù de yàngzi , Zǐjuān liánmáng chūlai zhǎo
讲 起 见 到 宝 玉 的 样 子, 紫 鹃 连 忙 出 来 找

Bǎoyù . Zǐjuān yǐwéi Bǎoyù zhè gè yàngzi shì wèile xiàhu
宝 玉。紫 鹃 以 为 宝 玉 这 个 样 子 是 为 了 吓 唬②

zìjǐ , kěshì Bǎoyù xiàozhe shuō : " Shuí xiàhu nǐ le , wǒ
自 己, 可 是 宝 玉 笑 着 说:"谁 吓 唬 你 了, 我

juéde nǐ shuō de duì , dàn yǒuxiē shānggǎn . " Zǐjuān zuòdào
觉 得 你 说 的 对, 但 有 些 伤 感。"紫 鹃 坐 到

Bǎoyù pángbiān , wèn Bǎoyù : " Qián jǐ tiān de yànwō shì
宝 玉 旁 边, 问 宝 玉:"前 几 天 的 燕 窝 [3]是

nǐ jiào rén sòng guòlai de ? " Bǎoyù huídá : " Yīnwèi xiǎngzhe
你 叫 人 送 过 来 的?"宝 玉 回 答:"因 为 想 着

Lín mèimei chīle kěyǐ shǐ shēntǐ hǎozhuǎn , jiù jiào rén měitiān
林 妹 妹 吃 了 可 以 使 身 体 好 转, 就 叫 人 每 天

sòng yì liǎng guòlai . " Zǐjuān tīnghòu shífēn gāoxìng , kànlái
送 一 两 过 来。"紫 鹃 听 后 十 分 高 兴, 看 来

Bǎoyù duì Dàiyù quèshí guānxīn . Yúshì tā xiǎng , bùrú jiù
宝 玉 对 黛 玉 确 实 关 心。于 是 她 想, 不 如 就

chèn jīntiān , kànkan Bǎoyù dàodǐ duì Dàiyù shì shénme xiǎngfǎ .
趁 今 天, 看 看 宝 玉 到 底 对 黛 玉 是 什 么 想 法。

Zǐjuān kāi wánxiào shuō : " Xiànzài Lín gūniang jīngcháng chī
紫 鹃 开 玩 笑 说:"现 在 林 姑 娘 经 常 吃

① 伤感 adj. sentimental
e.g. 离开故乡的时候,
大家都很伤感。
② 吓唬 v. scare; frighten
e.g. 别吓唬我了, 我又
不是小孩子。

燕窝，可明年回家去，哪里还有钱买燕窝吃呢？"

宝玉一听，感觉不对，林妹妹要走吗？又一想，觉得紫鹃是骗自己的，就说："林妹妹没有亲人了，去哪儿呀，别骗我了。"紫鹃又说："怎么就没有亲人了？就你家是大家族，别人就只有父母，没有别的亲人？林姑娘年纪小，住在这里，你们照顾几年，现在年纪大了，当然要回家去。"正在说话的时候，宝玉的丫环晴雯叫宝玉回去见贾母。可是没想到，宝玉听了紫鹃的话以后，就像变了一个人似的，满脸通红，一头热汗，没多久，眼睛直直的，嘴角不停地流口水，整个人都傻了。打他，他也不痛；拧①他，他也不疼。大家都害怕了，谁也不知道紫鹃到底说了什么，让宝玉变成这个样子。

① 拧 v. twist; pinch
e.g. 她在孩子的屁股上狠狠拧了一下。

Yúshì Zǐjuān bèi jiàolai wèn gè qīngchu. Shuí zhīdao Bǎoyù
于是紫鹃被叫来问个清楚。谁知道宝玉

kàndào Zǐjuān,"wā"de yì shēng kūle chūlai,bùtíng
看到紫鹃,"哇"地一声哭了出来,不停

de hǎnzhe:"Búyào zǒu, búyào zǒu, yào zǒu dài wǒ yìqǐ
地喊着:"不要走,不要走,要走带我一起

zǒu."Dàjiā dōu hútu le. Zǐjuān jiù bǎ gāngcái de wánxiào
走。"大家都糊涂了。紫鹃就把刚才的玩笑

yòu shuōle yí biàn, dàjiā zhè cái zhīdao shì zěnme huíshì.
又说了一遍,大家这才知道是怎么回事。

Jiǎ mǔ ānwèi Bǎoyù shuō:"Lín jiā de rén dōu sǐ le, méi rén
贾母安慰宝玉说:"林家的人都死了,没人

lái jiē tā de, nǐ fàngxīn ba." Kěshì Bǎoyù háishi juéde
来接她的,你放心吧。"可是宝玉还是觉得

búgòu, chǎozhe shuō:"Bù zhǔn nǐmen shuō'lín'zhè gè
不够,吵着说:"不准你们说'林'这个

zì, chúle Lín mèimei, shuí dōu bùxǔ xìng Lín!" Jiǎ mǔ
字,除了林妹妹,谁都不许姓林!"贾母

mǎshàng duì jiā li rén shuō:"Yǐhòu bié jiào xìng Lín de jìnlai,
马上对家里人说:"以后别叫姓林的进来,

nǐmen yě dōu bié shuō'lín'zì" Dàjiā dōu mángzhe
你们也都别说'林'字!"大家都忙着

diǎntóu dāying.
点头答应。

Yīnwèi Bǎoyù shénzhì bù qīng shì Zǐjuān yǐnqǐ de,
因为宝玉神智不清①是紫鹃引起的,

suǒyǐ zhè jǐ tiān Zǐjuān jiù yìzhí péi zài Bǎoyù shēnbiān.
所以这几天紫鹃就一直陪在宝玉身边。

Bǎoyù shēntǐ hǎozhuǎn yìxiē zhīhòu, wèn Zǐjuān:"Dāngshí
宝玉身体好转一些之后,问紫鹃:"当时

nǐ wèi shénme yào piàn wǒ?" Zǐjuān shuō:"Dòu nǐ wánr
你为什么要骗我?"紫鹃说:"逗你玩儿

de." Bǎoyù yòu wèn:"Nǐ shuō de yǒu bízi yǒu yǎnr
的。"宝玉又问:"你说得有鼻子有眼儿②

① 神志不清 in a confused state of mind; be delirious
e.g. 他发着高烧,神志不清。
② 有鼻子有眼儿 with every detail vividly described
e.g. 她说得有鼻子有眼儿的,好像亲眼看到了一样。

的，哪里像开玩笑！"紫鹃说："你放心，

即使有人来接黛玉走，老太太也不会同意

的。"宝玉说："即使老太太同意，我也不

同意。"紫鹃听到这句话，忙问他："真

的？只怕你是嘴里说说罢①了，过些年你

也要和别的姑娘成亲②的。你成亲了眼里

还有谁？"

宝玉忙解释说："我真想现在就死

了，把我的心挖③出来给你看看。"紫鹃听

了，感叹地说："你不必着急，其实是我

心里着急，所以试探试探你。我和林姑娘

感情深厚，也要为林姑娘打算一下的。"

宝玉笑着说："你不必担心。我只告诉你一

句话——活着，我们就一起活着；死了，

我们就一起灰飞烟灭 [4]。"紫鹃听了，总算

安下心来。紫鹃这次试探出了宝玉的真心，

也让黛玉心中多了一份希望。

① 罢了 just; merely; only (usually put at the end of a sentence) e.g. 别当真，我只是开个玩笑罢了。

② 成亲 v. get married e.g. 他成亲五六年了，却很少同妻子在一起生活。

③ 挖 v. dig out e.g. 不知道谁在这儿挖了一个大坑。

一、词语注释 Notes

1. 紫鹃 Zijuan

林黛玉最信任的丫环。她和黛玉感情非常好，亲如姐妹。

Daiyu's most trusted maid. They are very close to each other, just like sisters.

2. 雪雁 Xueyuan

林黛玉从家里带来的丫环，年龄较小，一直服侍林黛玉。

A maidservant Daiyu brings from her home. She is fairly young and has been with Daiyu from the beginning.

3. 燕窝 Chinese bird's nest

金丝燕在海边岩洞峭壁间筑的巢，加工后可以食用。这是一种奢侈的补品，只有富贵人家才能享用。在故事中，宝玉送给黛玉燕窝，以表达自己对黛玉的关心和爱意。

The nest made by swiftlet amid caves and cliffs along the seashore which is edible after being processed. It is a luxury tonic that only rich families can afford. In the story, Baoyu (宝玉) sending this luxurious tonic to Daiyu (黛玉) shows his deep concern about and love for her.

4. 灰飞烟灭 vanish in a puff of smoke

在一阵烟尘中消失。作为黛玉的忠心丫环，紫鹃想试出宝玉对黛玉的爱情。宝玉向紫鹃保证，他们只要活着就要在一起，如果不能在一起，那就一起灰飞烟灭。

Zijuan (紫鹃), Daiyu's (黛玉) devoted maid, tests Baoyu's (宝玉) love for Daiyu. Baoyu uses this idiom to assure Zijuan that he and Daiyu will live together when alive; if impossible, they will vanish together like a puff of smoke.

二、思考题 Reading Comprehension Questions

1. 紫鹃为什么跟宝玉开玩笑说黛玉要走？
2. 宝玉听说黛玉要走后，他的反应是什么？
3. 谁让宝玉恢复了正常？
4. 宝玉说了什么话使紫鹃放心了？

十三、尤三姐[1]的故事

Guide to reading:

Jia Jing (贾敬) in Ningguo Mansion (宁国府), is addicted to alchemy (炼丹) and dies from taking too many cinnabar pills (containing mercury). His son Jia Zhen (贾珍) and his wife are busy managing his funeral. Jia Zhen's wife asks her stepmother to come to help with the family's day-to-day management. Upon this request, her stepmother comes together with her two unmarried younger sisters You Erjie (尤二姐) and You Sanjie (尤三姐) to Ningguo Mansion. Both girls are young and very pretty. Jia Lian (贾琏), a cousin of Jia Zhen, is attracted by You Erjie and marries her secretly. Jia Zhen also wants to marry You Sanjie, his wife's younger sister. But You Sanjie, an audacious woman, refuses him and teaches him a lesson by teasing and ridiculing them. Jia Zhen totally gives up the idea of marrying her. You Sanjie has actually already fallen for a man named Liu Xianglian (柳湘莲) and hopes to marry him. With the help of her sister and brother-in-law, You Sanjie becomes engaged to Liu Xianglian. Nevertheless, some rumours ruin her dream and Liu Xianglian wants to break his promise of marriage. To prove her innocence and true love for Liu, You Sanjie kills herself before him with their token of engagement — one of the two "mandarin duck" swords.

故事正文 Story

Níngguó Fǔ de dàlǎoye jiào Jiǎ Jìng, yíbèizi dōu zài
宁国府的大老爷叫贾敬，一辈子都在

liàndān. Tā wèile shēngtiān dāng shénxian, chīle hěn duō de
炼丹。他为了升天当神仙，吃了很多的

dānyào, jiéguǒ zhòngdú sǐ le. Jiǎ Jìng de sāngshì yóu tā
丹药①，结果中毒死了。贾敬的丧事由他

érzi Jiǎ Zhēn hé tā de xífu Yóu shì cāobàn. Yóuyú
儿子贾珍和他的媳妇尤氏操办。由于

jiā zhōng quēshǎo rénshǒu, Yóu shì ràng tā de jìmǔ Yóu
家中缺少人手，尤氏让她的继母②尤

lǎoniáng dào Níngguó Fǔ bāngmáng guǎnlǐ jiāwù. Yóu lǎoniáng
老娘到宁国府帮忙管理家务。尤老娘

bǎ tā hái méi jiéhūn de liǎng gè nǚ'ér Yóu Èrjiě hé Yóu
把她还没结婚的两个女儿尤二姐[2]和尤

Sānjiě yě dàile guòlai. Zhè liǎng gè nǚ'ér dōu fēicháng
三姐也带了过来。这两个女儿都非常

piàoliang.
漂亮。

Jiǎ Liǎn zài bàn sāngshì de shíhou jiàndào le měilì de
贾琏[3]在办丧事的时候见到了美丽的

Yóu Èrjiě, fēicháng xiǎng bǎ tā qǔhuí jiā, yúshì qǐng
尤二姐，非常想把她娶回家，于是请

tángxiōng Jiǎ Zhēn hé zhízi Jiǎ Róng bāngmáng shuōfú Yóu
堂兄③贾珍和侄子④贾蓉帮忙说服尤

lǎoniáng, ràng tā bǎ Yóu Èrjiě jià gěi zìjǐ. Zhè liǎng gè
老娘，让她把尤二姐嫁给自己。这两个

rén duì Yóu lǎoniáng shuō Fèngjiě shēntǐ bùhǎo, Yóu Èrjiě
人对尤老娘说凤姐身体不好，尤二姐

jiānglái kěndìng néng dāng zhèngshì fūrén, Yóu lǎoniáng yě néng
将来肯定能当正室夫人，尤老娘也能

gēnzhe guòshàng hǎo rìzi. Yóu lǎoniáng tīngle fēicháng
跟着过上好日子。尤老娘听了非常

①丹药 n. cinnabar pill
e.g. 多数丹药是有毒的。
②继母 n. stepmother
e.g. 他的妈妈很早就去
世了，是继母把他抚养
长大的。
③堂兄 n. elder male
cousin (from father's
side)
e.g. 我的堂兄和我一样
都姓李。
④侄子 n. nephew
e.g. 他的侄子在医院工
作。

yuànyì , jiù bǎ Yóu Èrjiě yuánlái de hūnshì tuì le , yǔ Yóu
愿意，就把尤二姐原来的婚事退了，与尤

Èrjiě 、 Yóu Sānjiě yìqǐ zhùjìnle Jiǎ Liǎn qiāoqiāo mǎi de
二姐、尤三姐一起住进了贾琏悄悄买的

fángzi li . Jiǎ Liǎn hé Yóu Èrjiě tōutōu de jiéle hūn ， liǎng
房子里。贾琏和尤二姐偷偷地结了婚，两

rén de shēnghuó fēicháng tiánmì .
人的生活非常甜蜜①。

Liǎng gè yuè yǐhòu ， Jiǎ Zhēn qù kànwàng Yóu Èrjiě hé
两个月以后，贾珍去看望尤二姐和

Yóu Sānjiě . Jiǎ Liǎn gānghǎo bú zài ， Yóu shì mǔnǚ biàn
尤三姐。贾琏刚好不在，尤氏母女便

zhāodài tā yìqǐ chī fàn . Děng Yóu Èrjiě hé Yóu lǎoniáng
招待他一起吃饭。等尤二姐和尤老娘

chīwán fàn líkāi hòu , Jiǎ Zhēn biàn duì Yóu Sānjiě
吃完饭离开后，贾珍便对尤三姐

dòngshǒu-dòngjiǎo , tiáoxì Yóu Sānjiě . Tā de xíngwéi lián
动手动脚，调戏②尤三姐。他的行为连

xiǎo yāhuanmen dōu kànbuguò , yí gè gēnzhe yí gè de duǒle
小丫环们都看不过，一个跟着一个地躲了

chūqu .
出去。

Zhè shí Jiǎ Liǎn huílai le , yuànzi li de púrén gàosu
这时贾琏回来了，院子里的仆人告诉

tā Jiǎ Zhēn hé Yóu Sānjiě liǎng rén dāndú zài yìqǐ . Jiǎ Liǎn
他贾珍和尤三姐两人单独在一起。贾琏

zhīdao Jiǎ Zhēn kànshàngle Yóu Sānjiě . Jiǎ Liǎn qǔ Yóu Èrjiě
知道贾珍看上了尤三姐。贾琏娶尤二姐

de shíhou Jiǎ Zhēn bāngle bùshǎo máng , suǒyǐ Jiǎ Liǎn yě xiǎng
的时候贾珍帮了不少忙，所以贾琏也想

bāngzhù Jiǎ Zhēn . Yúshì Jiǎ Liǎn láidào Yóu Sānjiě de fángjiān ,
帮助贾珍。于是贾琏来到尤三姐的房间，

yǔ Jiǎ Zhēn hé Yóu Sānjiě yìqǐ hē jiǔ .
与贾珍和尤三姐一起喝酒。

①甜蜜 *adj.* sweet and happy
e.g. 那是一个甜蜜的夜晚。
②调戏 *v.* flirt with; molest
e.g. 他利用自己的权利和地位，多次调戏妇女。

Jiǎ Liǎn lāzhe Jiǎ Zhēn hē jiǔ, zhuǎn guòlai duì Yóu
贾 琏 拉着 贾 珍 喝 酒, 转 过 来 对 尤

Sānjiě shuō:"Nǐ yě guòlai, péi tā hē yì bēi ba." Yóu
三姐 说:"你 也 过来, 陪 他 喝 一 杯 吧。" 尤

Sānjiě tīngle zhè huà, míngbai Jiǎ Liǎn shì xiǎng ràng zìjǐ jià
三姐 听了 这 话, 明白 贾 琏 是 想 让 自己 嫁

gěi Jiǎ Zhēn dāng xiǎolǎopo, yúshì zhàn zài kàng shang,
给 贾 珍 当 小老婆, 于是 站 在 炕 上,

zhǐzhe Jiǎ Liǎn xiàozhe shuō:"Nǐ búyòng gēn wǒ shuō hǎotīng de
指着 贾 琏 笑着 说:"你 不用 跟 我 说 好听 的

huà, nándào wǒ huì bù zhīdao nǐ de yìsi? Nǐ yǐwéi
话, 难道 我 会 不 知道 你 的 意思? 你 以为

nǐmen gēliǎr huāle jǐ gè chòu qián jiù néng ná wǒmen
你们 哥俩儿 花了 几 个 臭 钱 就 能 拿 我们

jiěliǎr qǔlè le ma? Wǒ yě zhīdao nǐ lǎopo lìhai,
姐俩儿 取乐① 了 吗? 我 也 知道 你 老婆 厉害,

gǎitiān wǒ yě yào jiànjian nà gè Liǎn èrnǎinai, kàn tā shì jǐ
改天 我 也 要 见见 那 个 琏 二奶奶, 看 她 是 几

gè nǎodai jǐ zhī shǒu. Rúguǒ dàjiā héhémùmù de yě
个 脑袋 几 只 手。 如果 大家 和 和 睦睦② 的 也

jiù suàn le, yàoshi ràng wǒ bù gāoxìng, wǒ jiù xiān bǎ nǐliǎ
就 算 了, 要是 让 我 不 高兴, 我 就 先 把 你俩

shā le, zài qù hé nǐ lǎopo pīnmìng. Hē jiǔ pà shénme,
杀 了, 再 去 和 你 老婆 拼命③。 喝 酒 怕 什么,

hē jiù hē!" Shuōzhe, zìjǐ názhe hú dàole yì bēi jiǔ,
喝 就 喝!" 说着, 自己 拿着 壶 倒了 一 杯 酒,

xiān hēle bàn bēi, yòu bàozhe Jiǎ Liǎn de bózi shǐjìn ràng tā
先 喝了 半 杯, 又 抱着 贾 琏 的 脖子 使劲 让 他

hē jiǔ, shuō:"Wǒ hé nǐ gēge yǐjing hēguo le,
喝 酒, 说:"我 和 你 哥哥 已经 喝过 了,

wǒmenliǎ lái qīnrè qīnrè!" Tā de yàngzi xià de Jiǎ Liǎn、
我们俩 来 亲热 亲热!" 她 的 样子 吓 得 贾 琏、

Jiǎ Zhēn jiǔ dōu xǐng le.
贾 珍 酒 都 醒 了。

①取乐 v. make fun of;
find amusement
e.g. 他养猫主要是为了
取乐。
②和和睦睦 live in
harmony
e.g. 一家人和和睦睦,
日子过得挺红火。
③拼命 v. fight at risk of
one's life
e.g. 为了这点钱不值得
拼命。

Yóu Sānjiě hēle jiǔ, shénme huà dōu gǎn shuō,
尤三姐喝了酒，什么话都敢说，

shǐjìnr cháoxiào Jiǎ Zhēn、 Jiǎ Liǎn dìxiōng èr rén. Děng
使劲儿嘲笑①贾珍、贾琏弟兄二人。等

tā shuǎgòule zhè liǎng gè rén, jiù bǎ tāmen gǎnle
她耍够②了这两个人，就把他们赶了

chūqu. Jiǎ Zhēn、 Jiǎ Liǎn jīntiān kě zhīdaole Yóu Sānjiě de
出去。贾珍、贾琏今天可知道了尤三姐的

lìhai, zàiyě bù gǎn gēn Yóu Sānjiě dòngshǒu-dòngjiǎo le.
厉害，再也不敢跟尤三姐动手动脚了。

Yóu Sānjiě měitiān dǎban de hěn piàoliang, tiāntiān tiāoti chī de
尤三姐每天打扮得很漂亮，天天挑剔吃的

chuān de, shāowēi bù mǎnyì jiù dà fā píqi. Jiǎ Zhēn hé
穿的，稍微不满意就大发脾气。贾珍和

Jiǎ Liǎn dōu méi bànfǎ.
贾琏都没办法。

Yóu Èrjiě yìzhí dānxīn Yóu Sānjiě de qīnshi, gēn Yóu
尤二姐一直担心尤三姐的亲事，跟尤

Sānjiě liáoguo zhīhòu cái zhīdao tā yuánlái zǎojiù kànshàngle yí
三姐聊过之后才知道她原来早就看上了一

gè jiào Liǔ Xiānglián de rén. Yóu Sānjiě shuō: "Tā yì nián
个叫柳湘莲[4]的人。尤三姐说："他一年

bù lái, wǒ děng yì nián; shí nián bù lái, wǒ děng shí nián;
不来，我等一年；十年不来，我等十年；

rúguǒ yìbǎi nián bù lái, wǒ jiù chūjiā dāng nígū qu."
如果一百年不来，我就出家当尼姑去。"

Yóu Èrjiě zhǎo Jiǎ Liǎn shāngliang, Jiǎ Liǎn tīngle máng dāying
尤二姐找贾琏商量，贾琏听了忙答应

huì bāngmáng. Yóu Sānjiě yě xiàng Jiǎ Liǎn bǎozhèng, cóng
会帮忙。尤三姐也向贾琏保证，从

jīntiān qǐ kāishǐ chīzhāi-niànfó, yìzhí děngdào Liǔ Xiānglián
今天起开始吃斋念佛[5]，一直等到柳湘莲

lái qǔ tā.
来娶她。

①嘲笑 v. mock
e.g. 不要嘲笑别人。
②耍 v. play with
e.g. 别人都笑了起来，
我才知道被耍了。

Zhè yì tiān, Jiǎ Liǎn chū chéng bànshì, bànlù shang
这一天，贾琏出城办事，半路上
jìngrán yùdàole Liǔ Xiānglián hé Xuē Pán. Jiǎ Liǎn biàn jiāng
竟然遇到了柳湘莲和薛蟠。贾琏便将
zìjǐ qǔ Yóu Èrjiě de jīngguò gàosule Liǔ Xiānglián. Jiǎ Liǎn
自己娶尤二姐的经过告诉了柳湘莲。贾琏
yòu gàosu Liǔ Xiānglián shuō, Yóu Èrjiě de mèimei Yóu Sānjiě
又告诉柳湘莲说，尤二姐的妹妹尤三姐
fēicháng piàoliang, zìjǐ yuànyì bāngmáng bǎ Yóu Sānjiě jià
非常漂亮，自己愿意帮忙把尤三姐嫁
gěi tā. Liǔ Xiānglián huídá shuō: "Wǒ jiùshi xiǎng qǔ yí gè
给他。柳湘莲回答说："我就是想娶一个
shífēn měilì de nǚzǐ. Jìrán shì nǐ tíchū de qīnshi,
十分美丽的女子。既然是你提出的亲事，
nà wǒ jiù dāying ba." Jiǎ Liǎn xiàozhe shuō: "Děng nǐ
那我就答应吧。"贾琏笑着说："等你
jiàndào Yóu Sānjiě de yàngzi, jiù zhīdao tā yǒu duō měilì
见到尤三姐的样子，就知道她有多美丽
le." Liǔ Xiānglián tīngle fēicháng gāoxìng, biàn qǔchū
了。"柳湘莲听了非常高兴，便取出
chuánjiābǎo yuānyangjiàn zuòwéi dìnghūn de xìnwù jiāo gěi Jiǎ
传家宝①鸳鸯剑[6]作为订婚的信物交给贾
Liǎn. Ránhòu sān rén jiù fēnbié shànglù le.
琏。然后三人就分别上路了。

Jiǎ Liǎn bànwán shì huílai hòu, jiāng lù shang yùdào Liǔ
贾琏办完事回来后，将路上遇到柳
Xiānglián de shìqing gàosule Yóu Èrjiě hé Yóu Sānjiě, yòu bǎ
湘莲的事情告诉了尤二姐和尤三姐，又把
yuānyangjiàn ná gěile Yóu Sānjiě. Yuānyangjiàn yóu yì bǎ
鸳鸯剑拿给了尤三姐。鸳鸯剑由一把
xióngjiàn hé yì bǎ cíjiàn zǔchéng, xióngjiàn shang kèzhe
雄剑和一把雌剑组成，雄剑上刻着
"yuān" zì, cíjiàn shang kèzhe "yāng" zì. Yóu Sānjiě
"鸳"字，雌剑上刻着"鸯"字。尤三姐

①传家宝 *n.* family heirloom
e.g. 他这个戒指是他们家的传家宝。

fēicháng gāoxìng, liánmáng shōu le, guà zài zìjǐ de chuáng
非常 高兴, 连忙 收了, 挂在自己的 床

shang. Tā měi tiān kànzhe bǎojiàn, zì yǐwéi zhōngshēn
上。她每天看着宝剑, 自以为终身

yǒule yīkào.
有了依靠。

Bāyuè, Liǔ Xiānglián jìnle jīngchéng. Zài yǔ péngyou
八月, 柳湘莲进了京城。在与朋友

Jiǎ Bǎoyù jùhuì de shíhou, Jiǎ Bǎoyù gēn tā tánle yìxiē
贾宝玉聚会的时候, 贾宝玉跟他谈了一些

Yóu Sānjiě de shìqing. Bǎoyù shuō Yóu Sānjiě céngjīng zài
尤三姐的事情。宝玉说尤三姐曾经在

Níngguó Fǔ li zhùguo yí duàn shíjiān, hái chēngzàn Yóu Sānjiě
宁国府里住过一段时间, 还称赞尤三姐

shì gè fēicháng piàoliang de měirén. Méi xiǎngdào Liǔ Xiānglián
是个非常漂亮的美人。没想到柳湘莲

tīngle zhīhòu shuō:"Níngguó Fǔ zhǐyǒu ménkǒu nà liǎng gè shí
听了之后说:"宁国府只有门口那两个石

shīzi shì gānjìng de! Wǒ kě bú yuàn qǔ zhè zhǒng nǚzǐ."
狮子[7]是干净的! 我可不愿娶这种女子。"

Liǔ Xiānglián rènwéi Níngguó Fǔ lǐmiàn nánnǚ zhījiān guānxì
柳湘莲认为宁国府里面男女之间关系

hùnluàn, bù xiǎng qǔ Yóu Sānjiě le.
混乱, 不想娶尤三姐了。

Liǔ Xiānglián yǔ Bǎoyù fēnbié hòu, zhíjiē qùle Yóu
柳湘莲与宝玉分别后, 直接去了尤

Èrjiě zhù de dìfang zhǎodào Jiǎ Liǎn. Liǔ Xiānglián shuō
二姐住的地方找到贾琏。柳湘莲说

gūmǔ zǎojiù bāng tā dìngle qīn, suǒyǐ tā bù néng qǔ Yóu
姑母①早就帮他订了亲, 所以他不能娶尤

Sānjiě le, bìngqiě qǐng Jiǎ Liǎn bǎ yuānyangjiàn huán gěi tā.
三姐了, 并且请贾琏把鸳鸯剑还给他。

Yóu Sānjiě zài ménwài tīngjiànle Liǔ Xiānglián shuō de huà,
尤三姐在门外听见了柳湘莲说的话,

①姑母 *n.* aunt, one's father's sister
e.g. 我管爸爸的姐姐叫姑母。

zhīdao tā kěndìng shì tīngdàole shénme liúyán , suǒyǐ xiánqì
知道他肯定是听到了什么流言①，所以嫌弃

zìjǐ . Tīngdào Liǔ Xiānglián yào líkāi , Yóu Sānjiě liánmáng
自己。听到柳湘莲要离开，尤三姐连忙

zhāixià bǎojiàn , jiāng jiàn cáng zài bèihòu , chūlai shuō :
摘下宝剑，将剑藏在背后，出来说：

" Nǐmen bù xūyào shāngliang le , yuānyang jiàn huán gěi nǐ . "
"你们不需要商量了，鸳鸯剑还给你。"

Yóu Sānjiě shāngxīn de kūzhe , zuǒshǒu bǎ xióngjiàn jiāo gěi Liǔ
尤三姐伤心地哭着，左手把雄剑交给柳

Xiānglián , yòushǒu názhe cíjiàn wǎng bózi shang yì mǒ ,
湘莲，右手拿着雌剑往脖子上一抹②，

mǎshàng jiù dǎoxià le . Dàjiā dōu bèi Yóu Sānjiě de xíngwéi
马上就倒下了。大家都被尤三姐的行为

xiàhuài le , liánmáng shàngqián jiù tā , kěshì yǐjīng
吓坏了，连忙上前救她，可是已经

láibují le .
来不及了。

Liǔ Xiānglián bàozhe Yóu Sānjiě de shītǐ kūzhe shuō :
柳湘莲抱着尤三姐的尸体哭着说：

" Yuánlái nǐ shì zhèyàng gāngliè de nǚzǐ a ! " Tā wèi Yóu
"原来你是这样刚烈③的女子啊！"他为尤

Sānjiě mǎile guāncai , qīnyǎn kànzhe Sānjiě rùliàn , yòu
三姐买了棺材④，亲眼看着三姐入殓⑤，又

fúzhe guāncai dà kūle yì chǎng . Zuìhòu , Liǔ Xiānglián
扶着棺材大哭了一场。最后，柳湘莲

chūjiā dāngle dàoshi .
出家[8]当了道士。

①流言 n. rumour; gossip
e.g. 不要听信外面的流言。

②抹 v. cut across one's throat
e.g. 将军自己拿刀抹了脖子。

③刚烈 adj. upright and unyielding
e.g. 他性格刚烈，容易激动。

④棺材 n. coffin
e.g. 死在外面的人一定要把棺材运回故乡。

⑤入殓 v. put the corpse into a coffin
e.g. 死者已经入殓。

一、词语注释 Notes

1. 尤三姐 You Sanjie

尤二姐的妹妹。尤三姐模样风流标致，又偏爱打扮得出色。贾珍、贾琏、贾蓉等好色之徒对她颇为垂涎，但尤三姐用泼辣作为武器捍卫了自己的清白。她看中柳湘莲后，就一心一意等他来娶。后来柳湘莲误解了她，刚烈的尤三姐竟然以死证明清白。

You Erjie's younger sister. She is beautiful with a refined taste in dress. Womanizers such as Jia Zhen, Jia Lian and Jia Rong all have an appetite for her beauty and try to seduce her. But by using her daring and resolute personality as a weapon, Sanjie succeeds in defending herself and rejecting them all. She takes a fancy to Liu Xianglian and waits for him to marry her with heart and soul. When she is misunderstood as a loose woman by Liu Xianglian, she proves her innocence by killing herself before Liu Xianglian.

2. 尤二姐 You Erjie

贾琏偷偷娶的小妾。她是一个柔弱胆小、温柔体贴、单纯无知的女人。她没有凤姐那样的心计，也没有像她母亲那样的爱财贪利的品性。她是一个封建社会典型的逆来顺受的女人形象。

Jia Lian's concubine who he secretly marries. She is a weak

and delicate woman. She is gentle and considerate but is too simple and ignorant. She has no calculating and covetous thoughts like Wang Xifeng, nor does she have an avaricious personality like her mother. She is a typical representative of the traditional submissive woman in feudal China.

3. 贾琏 Jia Lian

荣国府贾赦的儿子，平日和妻子王熙凤管理荣国府的家庭事务。他是一个浪荡公子，嗜色如命，挥霍无度。他的妻子王熙凤十分强硬，贾琏在她的防范辖制下，更显得软弱无能。然而他寻花问柳、偷鸡摸狗的劣性难改。他偷偷娶了尤二姐，最终导致凤姐害死了尤二姐。

Son of Jia She. He helps his wife Wang Xifeng manage the household affairs in Rongguo Mansion. He is a self-indulgent and dissolute young master who is fond of women and squanders money excessively. His wife, Wang Xifeng, is tough with him. Under the guard and control of his unyielding wife, Jia Lian appears weak and incompetent. However, he still indulges in dallying with women and having affairs. He marries You Erjie secretly, which eventually leads to her death.

4. 柳湘莲 Liu Xianglian

本是世家子弟，后因父母早逝，家道中落。他相貌俊美，文武双全，喜欢演戏。

A son from a formerly influential family. His family declined when both his parents passed away when he was still young. He is a handsome young man well-versed both in literature and martial arts. He likes to perform in operas.

5. 吃斋念佛 be a vegetarian and pray to Buddha

吃斋，指吃素食；念佛，指念佛经。这是佛教信徒修行的形式。

吃斋 means to eat only vegetarian food. 念佛 means to chant Buddhist scriptures. This phrase describes the practices of Buddhist followers.

6. 鸳鸯剑 "mandarin duck" swords

由两把剑组成的一套剑。鸳鸯经常用来形容情深意切的夫妻。故事中的两把鸳鸯剑一把剑上刻着代表雄鸟的"鸳"字，即雄剑，另一把剑上刻着代表雌鸟的"鸯"字，即雌剑。尤三姐爱上了柳湘莲，柳湘莲起初答应迎娶尤三姐，并将鸳鸯剑作为订婚信物送给了尤三姐。后来柳湘莲因为听信谣言要退婚，尤三姐就用雌剑自尽了。

A pair of swords in one sheath. 鸳鸯, meaning mandarin ducks, is often used to refer to an affectionate couple. For this set of two swords, one is decorated with a carving of the character for a male duck 鸳, the other is decorated with a carving of the character for a female duck 鸯. This set of swords was regarded as a token of engagement. In the story, the swords become part of a tragic tale of love. You Sanjie (尤三姐) falls in love with Liu Xianglian (柳湘莲), and Liu first agrees to marry her, but breaks his promise because of a rumour. You Sanjie ends her life by slashing the female sword across her throat.

7. 石狮子 stone lion

中华传统文化中的辟邪物品。中国古代的大户人家住宅门口常摆放石狮子，用以镇宅辟邪。

A stone sculpture that is believed to drive off evils in Chinese traditional culture. In old times, rich and influential Chinese families had such stone lions placed by their gates to protect their homes and drive off evil forces.

8. 出家 become a monk or nun or Daoist priest

一个人厌倦了尘世，离开家庭到庙宇里面去做和尚、尼姑或者道士，被称为"出家"。

When a person is disillusioned with the mortal world, he chooses to become a monk or nun or Daoist priest. This practice is called 出家.

二、思考题 Reading Comprehension Questions

1. 贾琏是怎么认识尤二姐的？他为什么要偷偷地和尤二姐结婚？

2. 贾琏想让尤三姐嫁给贾珍，是因为尤三姐喜欢贾珍吗？

3. 柳湘莲给了贾琏什么作为订婚的信物？

4. 尤三姐因为什么自杀？尤三姐的性格怎么样？

十四、尤二姐之死

Shísì, Yóu Èrjiě zhī sǐ

Guide to reading:

After Jia Lian (贾琏) marries You Erjie (尤二姐), he buys a house away from Jia family (贾府) and keeps their relationship a secret. His wife Wang Xifeng (王熙凤) is such a jealous person that she has always been reluctant to allow her husband to get a concubine, let alone to secretly marry someone. As a result, when she learns about the existence of You Erjie, she devises a detailed plan to get rid of her. On one hand, she pretends to be a kind-hearted first wife to win You Erjie's trust. She then invites You Erjie to Jia family to live with her so that she can keep everything under her control. On the other hand, she asks the servants to mistreat You Erjie by not giving her enough daily necessities, and she also encourages Jia Lian's another concubine to assault and humiliate her verbally. Tragically, You Erjie commits suicide after a miscarriage.

故事正文 Story

贾琏娶了尤二姐为妾后，与尤老娘和
尤三姐一起住在荣国府外面的房子里。
贾琏和尤二姐两个人非常恩爱①。

可是世界上没有不透风的墙[1]，
时间一长，王熙凤逐渐从仆人嘴里听到
些关于"新二奶奶"的话。她非常生气，
逼迫贾琏的仆人兴儿把事情的全部经过都
告诉了她。王熙凤知道全部情况之后，
心里想了一个坏主意。

贾琏这几天正准备要出门办事，他
要离开两个多月。凤姐心里做了周密的
计划。贾琏一走，凤姐就收拾了大观园
中的几间房子，按照自己房间的标准
装饰布置。过了两天，凤姐就去了尤
二姐住的院子，找到了尤二姐。尤二姐
见到王熙凤，心中本来还非常害怕，

① 恩爱 *adj.* (of a married couple) be deeply in love with each other
e.g. 他们是一对恩爱的夫妻。

dānxīn Fèngjiě chīcù , búhuì jiēshòu zìjǐ , méi xiǎngdào ,
担心凤姐吃醋[2]，不会接受自己，没想到，

Fèngjiě duì tā fēicháng qīnrè , hái qǐng tā bānjìn Jiǎ Fǔ yìqǐ
凤姐对她非常亲热，还请她搬进贾府一起

shēnghuó . Yóu Èrjiě shì gè dǎnxiǎo-pàshì de rén , yòu
生活。尤二姐是个胆小怕事①的人，又

fēicháng dānchún . Tā kànjiàn Fèngjiě zhème rèqíng , yǐwéi
非常单纯。她看见凤姐这么热情，以为

Fèngjiě zhēn de duì tā méiyǒu huàixīn, hái bǎ Fèngjiě dàngchéngle
凤姐真的对她没有坏心，还把凤姐当成了

zhījǐ , jiù dāyingle tā .
知己，就答应了她。

Dàngtiān Yóu Èrjiě jiù bānjìnle dàguān yuán . Fèngjiě
当天尤二姐就搬进了大观园。凤姐

jiǎzhuāng guānxīn Yóu Èrjiě , huàndiàole Yóu Èrjiě shēnbiān de
假装关心尤二姐，换掉了尤二姐身边的

yāhuan , pài zìjǐ shēnbiān de yāhuan Shànjiě qù fúshi tā .
丫环，派自己身边的丫环善姐去服侍她。

Sān tiān hòu , Shànjiě jiù kāishǐ bù tīng Yóu Èrjiě shǐhuan ,
三天后，善姐就开始不听尤二姐使唤②，

quēshǎo shēnghuó yòngpǐn yě bú qù ná , hái jīngcháng ná
缺少生活用品也不去拿，还经常拿

shèngfàn gěi Yóu Èrjiě chī . Yóu Èrjiě shāowēi yǒu diǎn bù
剩饭③给尤二姐吃。尤二姐稍微有点不

mǎnyì , Shànjiě jiù shuō : " Jiāli jǐbǎi gè rén , shìshì dōu
满意，善姐就说："家里几百个人，事事都

yào èrnǎinai ānpái , nǐ yòu bú shì míngméi-zhèngqǔ de ,
要二奶奶安排，你又不是明媒正娶[3]的，

hébì wèile zhèxiē xiǎo shì qù máfan tā ne ? " Yóu Èrjiě
何必为了这些小事去麻烦她呢？"尤二姐

yě zhǐhǎo rěnzhe . Wáng Xīfèng měi gé jǐ tiān jiù lái kànkan Yóu
也只好忍着。王熙凤每隔几天就来看看尤

Èrjiě , zuǐshang hái shuō : " Rúguǒ púrén zhàogù bù zhōudào ,
二姐，嘴上还说："如果仆人照顾不周到，

① 胆小怕事 timid and overcautious

e.g. 我不是一个胆小怕事、不负责任的公司老板。

② 使唤 v. order about or around

e.g. 天气太冷，我手都不听使唤了。

③ 剩饭 n. leftover food

e.g. 我从来不吃剩饭。

nǐ jiù gàosu wǒ, wǒ lái shōushi tāmen." Yóu Èrjiě jiàn
你就告诉我，我来收拾他们。"尤二姐见

Fèngjiě zhème hǎoxīn, fǎn'ér bù rěnxīn bàoyuàn le.
凤姐这么好心，反而不忍心抱怨了。

Fèngjiě dǎtīng dào yuánlái Yóu Èrjiě zǎojiù yǒule
凤姐打听到原来尤二姐早就有了

pójia, wèihūnfū míng jiào Zhāng Huá. Zhāng Huá
婆家①，未婚夫②名叫张华。张华

zhěngtiān chīhē-wánlè, huāguāngle jiā li de qián. Tā fùqin
整天吃喝玩乐，花光了家里的钱。他父亲

cóng Yóu lǎoniáng nàli nále shí liǎng yínzi biàn tuìhūn le,
从尤老娘那里拿了十两银子便退婚③了，

ér Zhāng Huá běnrén bìng bù zhīdao zhè jiàn shì. Fèngjiě qiāoqiāo
而张华本人并不知道这件事。凤姐悄悄

jiào rén qù zhǎo Zhāng Huá, ràng tā qù yámen gàofā Jiǎ Liǎn
叫人去找张华，让他去衙门④告发⑤贾琏

zhàngzhe jiā li yǒuqián-yǒushì, bīpò Yóu Èrjiě tuìhūn.
仗着家里有钱有势⑥，逼迫尤二姐退婚。

Jiēzhe Fèngjiě yòu dào Níngguó Fǔ kūnàole yì chǎng, yǐ dǎ
接着凤姐又到宁国府哭闹了一场，以打

guānsi wèi lǐyóu, cóng Yóu Èrjiě de jiějie Yóu Dàjiě nàli
官司为理由，从尤二姐的姐姐尤大姐那里

qiāozhà láile wǔbǎi liǎng yínzi. Fèngjiě yìbiān dàizhe Yóu
敲诈⑦来了五百两银子。凤姐一边带着尤

Èrjiě yǔ Jiǎ Fǔ de tàitai xiǎojiěmen jiànmiàn, yìbiān yòu
二姐与贾府的太太小姐们见面，一边又

ànzhōng ràng Zhāng Huá yàohuí Yóu Èrjiě. Jīngguò zhè yí
暗中让张华要回尤二姐。经过这一

nào, quán chéng de rén dōu zhīdaole zhè shì. Jiǎ mǔ děng rén
闹，全城的人都知道了这事。贾母等人

zhīdaole dōu hěn bù gāoxìng, rènwéi Yóu Èrjiě míngshēng
知道了都很不高兴，认为尤二姐名声⑧

bùhǎo, dōu bù xǐhuan tā.
不好，都不喜欢她。

① 婆家 n. husband's family
e.g. 女儿长大了，妈妈想给女儿找个婆家。

② 未婚夫 n. fiancé
e.g. 她的未婚夫是一个医生。

③ 退婚 v. break off an engagement
e.g. 胡适主张结婚自主，退婚自由。

④ 衙门 n. government office in feudal China
e.g. 衙门口，朝南开，有理无钱莫进来。

⑤ 告发 v. sue; inform against
e.g. 有人告发他贪污受贿。

⑥ 有钱有势 rich and powerful; wealthy and influential (family)
e.g. 他出生在一个有钱有势的家庭。

⑦ 敲诈 v. blackmail
e.g. 她被敲诈了一万多元。

⑧ 名声 n. reputation
e.g. 如果企业的名声好，产品自然会畅销。

Jiǎ Liǎn bànwán shì yǐhòu huídào jiā li . Tā xiān qù
贾琏办完事以后回到家里。他先去

jiànle Jiǎ Shè hé Xíng fūrén . Jiǎ Shè kuā tā bànshì bàn de
见了贾赦和邢夫人。贾赦夸他办事办得

hǎo , búdàn shǎngle tā yìbǎi liǎng yínzi , hái bǎ yí gè
好，不但赏了他一百两银子，还把一个

shíqī suì de yāhuan shǎng gěi tā zuò xiǎoqiè . Zhè gè yāhuan
十七岁的丫环赏给他做小妾。这个丫环

míng jiào Qiūtóng , zhǎng de hěn piàoliang . Jiǎ Liǎn huídào jiā ,
名叫秋桐，长得很漂亮。贾琏回到家，

fāxiàn Yóu Èrjiě yǐjīng bèi jiējìn Jiǎ Fǔ . Jiǎ Liǎn jiàndào
发现尤二姐已经被接进贾府。贾琏见到

Fèngjiě xiàng qīnjiěmèi yíyàng duìdài Yóu Èrjiě , bìngqiě duì
凤姐像亲姐妹一样对待尤二姐，并且对

Qiūtóng yě fēicháng hǎo , tā gǎndào shífēn yìwài . Tā nǎ li
秋桐也非常好，他感到十分意外。他哪里

zhīdao Fèngjiě xīnli fēicháng hèn tā , yǐjīng xiǎnghǎole jìmóu
知道凤姐心里非常恨他，已经想好了计谋

yào chúdiào① Yóu Èrjiě .
要除掉①尤二姐。

　　Yǒu yì tiān , Fèngjiě hé Yóu Èrjiě zài yìqǐ liáotiān ,
　　有一天，凤姐和尤二姐在一起聊天，

Fèngjiě shuō Jiǎ Fǔ shàngxià de rén dōu mà Yóu Èrjiě de
凤姐说贾府上下的人都骂尤二姐的

míngshēng bù hǎo , zìjǐ fēicháng shēngqì . Yóu Èrjiě tīng
名声不好，自己非常生气。尤二姐听

le , qíngxù fēicháng dīluò . Ér Fèngjiě què jiǎzhuāng shēngqì ,
了，情绪非常低落。而凤姐却假装生气，

jǐ tiān hòu hái bìngle yì cháng . Jiā li de yāhuan yǐjí Qiūtóng
几天后还病了一场。家里的丫环以及秋桐

měi tiān dōu míngzhe ànzhe de fěngcì Yóu Èrjiě . Yóu Èrjiě de
每天都明着暗着地讽刺尤二姐。尤二姐的

shēnghuóguò de yì tiān bùrú yì tiān , rìcháng xūyào de dōngxi
生活过得一天不如一天，日常需要的东西

① 除掉 v. get rid of
e.g. 他在思考怎样才能
除掉这些害虫。

yě débudào, lián měi tiān chī de fàn dōu shì shèngfàn. Yóu
也得不到，连每天吃的饭都是剩饭。尤

Èrjiě suīrán xīnzhōng gǎndào wěiqu, dànshì yòu bù gǎn
二姐虽然心中感到委屈，但是又不敢

bàoyuàn. Qítā jiěmèi dōu yǐwéi Fèngjiě duì Yóu Èrjiě fēicháng hǎo.
抱怨。其他姐妹都以为凤姐对尤二姐非常好。

Jiǎ Liǎn kàn Fèngjiě xiánliáng, yúshì tiāntiān hé xīn
贾琏看凤姐贤良①，于是天天和新

dédào de yāhuan Qiūtóng zài yìqǐ, liǎng gè rén dǎ de
得到的丫环秋桐在一起，两个人打得

huǒrè, gèngshì lěngluòle Yóu Èrjiě, duì Yóu Èrjiě de
火热，更是冷落了尤二姐，对尤二姐的

qíngkuàng yìdiǎn yě méiyǒu liúxīn.
情况一点也没有留心。

Yóu Èrjiě tiāntiān shēngqì, tiāntiān kū, chībuxià fàn,
尤二姐天天生气，天天哭，吃不下饭，

zhōngyú bìngdǎo le. Zhǐyǒu Píng'er huì tōutōu lái zhàogù tā.
终于病倒了。只有平儿会偷偷来照顾她。

Jiǎ Liǎn zhīdao hòu, liánmáng pài rén qǐng yīshēng lái gěi tā
贾琏知道后，连忙派人请医生来给她

kànbìng. Jiéguǒ púrén qǐnglái gè hěn chà de yīshēng, Yóu
看病。结果仆人请来个很差的医生，尤

Èrjiě chīle tā kāi de yào, jìngrán liúchǎn le, hái shì yí
二姐吃了他开的药，竟然流产②了，还是一

gè nánháir.
个男孩儿。

Fèngjiě xīnli hěn gāoxìng, dàn biǎomiàn jiǎzhuāng fēicháng
凤姐心里很高兴，但表面假装非常

shāngxīn, dàochù shāoxiāng-bàifó, qǐngqiú lǎotiānyé bǎoyòu
伤心，到处烧香拜佛[4]，请求老天爷保佑③

Èrjiě shēntǐ hǎo qǐlai. Jiǎ Liǎn děng rén jiàndào Fèngjiě de
二姐身体好起来。贾琏等人见到凤姐的

biǎoxiàn, dōu chēngzàn tā shì gè xiánliáng de rén, ér Fèngjiě
表现，都称赞她是个贤良的人，而凤姐

① 贤良 *adj.* able and
virtuous
e.g. 他有一个贤良的妻
子。
② 流产 *v.* miscarry
e.g. 她身体非常虚弱，
刚怀孕，就流产了。
③ 保佑 *v.* bless
e.g. 请老天保佑我能生
一个男孩儿。

què yòu ànzì tiǎobō Qiūtóng yǔ Yóu Èrjiě de guānxì. Qiūtóng
却又暗自挑拨秋桐与尤二姐的关系。秋桐

tiāntiān dào Yóu Èrjiě de chuānghu dǐxia shuō xiē nántīng de
天天到尤二姐的窗户底下说些难听的

huà, yòu dào dàtàitai Xíng fūrén miànqián shuō Yóu Èrjiě de
话，又到大太太邢夫人面前说尤二姐的

huàihuà. Yóu Èrjiě zhīdao le, gèngjiā shāngxīn.
坏话。尤二姐知道了，更加伤心。

Yì tiān wǎnshang, Píng'er lái kànwàng Yóu Èrjiě, quàn
一天晚上，平儿来看望尤二姐，劝

tā hǎohāo xiūxi. Píng'er zǒule zhīhòu, Yóu Èrjiě xīn
她好好休息。平儿走了之后，尤二姐心

xiǎng: "Zhè bìng kěndìng shì hǎobuliǎo le. Érqiě háizi dōu
想："这病肯定是好不了了。而且孩子都

méi le, huózhe méiyǒu yìdiǎn yìsi, hái bùrú sǐle suàn
没了，活着没有一点意思，还不如死了算

le." Yúshì tā zhēngzházhe qǐlai, dǎkāi xiāngzi,
了。"于是她挣扎①着起来，打开箱子，

zhǎochū yí kuài jīnzi, yě bù zhīdao yǒu duō zhòng, hánzhe
找出一块金子，也不知道有多重，含着

lèishuǐ bǎ jīnzi tūn xiàqu le. Tā jiēzhe chuānhǎo yīfu,
泪水把金子吞②下去了。她接着穿好衣服，

dàishàng shǒushi, chuāndài hǎole zhīhòu tǎng zài kàng shang.
戴上首饰③，穿戴好了之后躺在炕上。

Dì-èr tiān yāhuan zǒujìn fáng li shí, fāxiàn Yóu Èrjiě chuāndài
第二天丫环走进房里时，发现尤二姐穿戴

de zhěngzhěngqíqí sǐ zài kàng shang, xià de dà hǎn qǐlai.
得整整齐齐死在炕上，吓得大喊起来。

Yóu Èrjiě huózhe de shíhou xìnggé wēnróu, yòu tǐtiē púrén,
尤二姐活着的时候性格温柔，又体贴仆人，

dàjiā dōu yīnwèi tā qùshì ér shāngxīn luòlèi, dànshì yīnwèi
大家都因为她去世而伤心落泪，但是因为

hàipà Fèngjiě, yě zhǐ néng qiāoqiāo shāngxīn.
害怕凤姐，也只能悄悄伤心。

① 挣扎 v. struggle
e.g. 有人在水里挣扎。
② 吞 v. swallow
e.g. 他一口就把鸡蛋吞
了下去。
③ 首饰 n. jewelry and
ornaments
e.g. 女人喜欢用首饰打
扮自己。

一、词语注释 Notes

1. 没有不透风的墙 The truth will eventually be revealed.

墙总是有缝的，比喻秘密终会泄露出来。在故事中，尤二姐是个美丽温柔的女子，赢得了贾琏的青睐。贾琏偷偷置外宅养了尤二姐，但是不久王熙凤从仆人那里知道了这件事，贾琏没有办法保守这个秘密。

Literally, this phrase means there is no wall that won't allow at least some breeze to pass through it. It means that secrets will get out eventually somehow. In this story, You Erjie is very beautiful and gentle, and wins the love of Jia Lian (贾琏), Wang Xifeng's (王熙凤) husband. Jia Lian secretly buys a house and marries You Erjie (尤二姐). But after some time, Wang Xifeng hears about her husband's "second wife" from a servant. Jia Lian cannot conceal his secret from Wang Xifeng anymore.

2. 吃醋 drink vinegar

比喻在男女关系方面产生妒忌。这个词的意义来源于一个唐朝的故事。唐代皇帝李世民赏赐给一个大臣两个漂亮的妾室，但是那位大臣因为妻子强烈反对而拒绝接受。李世民十分气愤，他告诉大臣的妻子，要么让大臣纳妾，要么就喝毒酒赐死。大臣的妻子毫不犹豫的喝了"毒酒"，但是她却没有死。原来李世民只是为了试探她，她喝的其实是醋。后来，"吃醋"就被用来形容因爱而生的嫉妒。 在这个故事中，贾琏娶尤二姐为妾引起了大老婆王熙凤的不满，尤二姐的惨死就是王熙凤嫉妒的证明。

A metaphor used to describe jealousy in love. It comes from an old story during the Tang Dynasty (618-907). Emperor Li Shimin (李世民) once rewarded one of his ministers with two beautiful women as concubines, but the minister refused in fear of his wife's strong rejection. The emperor was angry and told the minister's wife to either accept the concubines or drink poison to die. The minister's wife drank the "poison" without any hesitation, but she did not die. She had drunk vinegar that the emperor used to test her. The phrase "drink vinegar" has been used since to describe jealousy in love.

In the story, You Erjie (尤二姐) is Jia Lian's (贾琏) concubine. They are married without Wang Xifeng's (王熙凤) knowledge and consent, which makes the latter very angry. You Erjie's miserable death is proof of Wang Xifeng's jealousy.

3. 明媒正娶 a formal marriage

旧时指有媒人说合，按传统结婚仪式迎娶的婚姻。善姐讽刺尤二姐只是一个小妾，不是明媒正娶的正室夫人，以此给尤二姐难堪。

A marriage that involves a matchmaker, a formal wedding ceremony and all the other procedures for a traditional marriage in the old times. In the story, this phrase is used by Shanjie to taunt You Erjie about being a concubine instead of a properly married wife.

4. 烧香拜佛 burn incense and worship before the Buddha 敬神礼佛的一种仪式。"烧香"是指点燃佛教用的香，"拜佛"指在佛像面前虔诚行礼，祈求佛的保佑。

A way to show respect for and worship Buddha. 烧香 means to burn the incense especially made for worship; 拜佛 means to worship Buddha piously for blessings.

二、思考题 Reading Comprehension Questions

1. 凤姐为什么请尤二姐搬到大观园里住？凤姐真的对尤二姐好吗？
2. 尤二姐为什么受了委屈也不跟凤姐说？
3. 尤二姐是怎么死的？
4. 贾琏为什么不知道尤二姐所受的委屈？

十五、抄检①大观园

Shíwǔ,　chāojiǎn　Dàguān Yuán

① 抄检 *v.* raid; search and check

e.g. 她在抄检过程中一句话也不说。

Guide to reading:

For unmarried girls, a perfume sachet was an important token to give to one's lover, but one was not allowed to give this token in private in the past. One day a maid finds one in the Grand View Garden (大观园) and Wang Xifeng (王熙凤) takes some servants to investigate whose sachet it is. There is one old servant who is often looked down upon by others. She wants to avenge herself and show off her power. She deliberately makes the investigation difficult for the other maids only to discover that it is her own granddaughter who is having the love affair, which disgraces her. After this search, most people feel annoyed and humiliated. A small perfumed sachet turns the Grand View Garden into an arena of dispute and disgrace.

故事正文 Story

Yǒu yì tiān, yí gè yāhuan zài Dàguān Yuán jiǎndào yí gè
有一天，一个丫环在大观园捡到一个
dīsú de xiāngnáng, zhènghǎo bèi Xíng fūrén kàndào.
低俗①的香囊[1]，正好被邢夫人看到。
Xíng fūrén dàchī-yìjīng, Dàguān Yuán li zěnme huì yǒu zhè
邢夫人大吃一惊，大观园里怎么会有这
zhǒng dōngxi? Zhè zhǒng xiāngnáng shì xiàngzhēng nánnǚ sīqíng
种东西? 这种香囊是象征男女私情②
de xìnwù, ér zài Dàguān Yuán li zhù de dōu shì méiyǒu jiéhūn
的信物，而在大观园里住的都是没有结婚
de xiǎojiě hé yāhuan, shì juéduì bù yǔnxǔ nánnǚ zhījiān yǒu
的小姐和丫环，是绝对不允许男女之间有
sīqíng de. Yúshì Xíng fūrén mìnglìng péifang Wáng Shànbǎo
私情的。于是邢夫人命令陪房[2]王善保
xífu jiāng xiāngnáng ná gěi Wáng fūrén, ràng tā diàochá shì
媳妇将香囊拿给王夫人，让她调查是
shuí diū de xiāngnáng.
谁丢的香囊。

Wáng fūrén cāixiǎng zhè shì Fèngjiě de dōngxi, yúshì
王夫人猜想这是凤姐的东西，于是
qìchōngchōng de qù zhǎo Fèngjiě, wèn tā zhè shì zěnme yì
气冲冲③地去找凤姐，问她这是怎么一
huí shì. Fèngjiě kūzhe shuō zìjǐ shì qīngbái de, bìngqiě
回事。凤姐哭着说自己是清白④的，并且
jiànyì Wáng fūrén ràng Zhōu Ruì xífu Wàng'er xífu děng
建议王夫人让周瑞媳妇、旺儿媳妇等
sìwǔ gè púrén diàochá zhè jiàn shì, rúguǒ chá chūlai shuí yǒu
四五个仆人调查这件事，如果查出来谁有
sīqíng xìnwù, jiù bǎ shuí gǎn chūqu.
私情信物，就把谁赶出去。

Yúshì Wáng fūrén ràng Fèngjiě dàizhe jǐ gè púrén kāishǐ
于是王夫人让凤姐带着几个仆人开始

① 低俗 *adj.* vulgar
e.g. 不要给孩子看低俗
的书。
② 私情 *n.* an illicit love
affair
e.g. 他们的私情被父母
知道了。
③ 气冲冲 *adj.* furious
e.g. 她气冲冲地走了。
④ 清白 *adj.* innocent
e.g. 他对记者说自己是
清白的。

diàochá zhè shì . Wáng fūrén yòu jiàole Wáng Shànbǎo xífu
调查这事。王夫人又叫了王善保媳妇

yě jìn yuánzi li diàochá . Píngshí yuánzi li de yāhuan dàduō
也进园子里调查。平时园子里的丫环大多

dōu kànbuqǐ Wáng Shànbǎo xífu , Wáng Shànbǎo xífu
都看不起王善保媳妇，王善保媳妇

zǒngshì hěn shēngqì . Xiànzài ràng tā yě lái bāngzhe diàochá ,
总是很生气。现在让她也来帮着调查，

tā xīnli hěn gāoxìng , yǐwéi zhèhuí kě yǒu jīhuì chūqì le .
她心里很高兴，以为这回可有机会出气①了。

Wáng Shànbǎo xífu duì Wáng fūrén shuō : " Zǎo gāi
王善保媳妇对王夫人说："早该

guǎnjiào zhèxiē yāhuan le , tèbié shì Bǎoyù wū li de Qíngwén ,
管教这些丫环了，特别是宝玉屋里的晴雯 [3]，

zhǎng de piàoliang , zuǐ yòu huì shuō , píqi hái bù hǎo , tài
长得漂亮，嘴又会说，脾气还不好，太

bú xiànghuà le ! " Wáng fūrén tūrán xiǎngqǐ shàng cì jìn
不像话了！" 王夫人突然想起上次进

yuánzi , zài Bǎoyù fángjiān díquè kànjiàn yí gè piàoliang de dà
园子，在宝玉房间的确看见一个漂亮的大

yāhuan zài mà xiǎo yāhuan , yàngzi fēicháng kuángwàng .
丫环在骂小丫环，样子非常狂妄②。

Wáng fūrén cāixiǎng nà gè mà rén de yāhuan yīnggāi jiù shì
王夫人猜想那个骂人的丫环应该就是

Qíngwén , yúshì biàn mìnglìng púrén bǎ Qíngwén jiàolái .
晴雯，于是便命令仆人把晴雯叫来。

Qíngwén shì gè xìnggé gāngliè de nǚhái r , tǎoyàn
晴雯是个性格刚烈的女孩儿，讨厌

xūwěi , jì bù xǐhuan tǎohǎo zhǔrénmen , yě bù xǐhuan
虚伪③，既不喜欢讨好④主人们，也不喜欢

tǎohǎo Jiǎ Fǔ li de lǎoyíbèi púrén . Tā zhǎng de piàoliang ,
讨好贾府里的老一辈仆人。她长得漂亮，

shuōhuà zhíshuǎng , zài Jiǎ Fǔ dézuìle hěn duō rén . Qíngwén
说话直爽，在贾府得罪了很多人。晴雯

---

① 出气 v. vent one's anger
e.g. 谁欺负你了？我帮你出气！

② 狂妄 adj. wildly arrogant; extremely conceited
e.g. 一个人不要太狂妄。

③ 虚伪 adj. hypocritical
e.g. 我不愿意跟虚伪的小人交朋友。

④ 讨好 v. try to please sb.; ingratiate oneself with
e.g. 他讨好领导的样子真恶心。

zhènghǎo shēntǐ bù shūfu, shuì wǔjiào gānggāng qǐchuáng,
正好身体不舒服，睡午觉刚刚起床，

lái jiàn Wáng fūrén shí, tóufa sōngsǎn, yīfu yě méiyǒu
来见王夫人时，头发松散①，衣服也没有

zhěnglǐ hǎo. Wáng fūrén yí kàn, zhèngshì shàng cì de nà
整理好。王夫人一看，正是上次的那

gè yāhuan, biàn lěngxiàozhe shuō: "Hǎo yí gè měirén a!
个丫环，便冷笑着说："好一个美人啊！

Nǐ tiāntiān dǎban chéng zhè yàngzi gěi shuí kàn? Bǎoyù jīntiān
你天天打扮成这样子给谁看？宝玉今天

shēntǐ zěnmeyàng a?" Qíngwén yì tīng, zhīdao yǒurén
身体怎么样啊？"晴雯一听，知道有人

ànsuàn tā, gèng bù fāngbiàn shuō shíhuà, jiù shuō zìjǐ
暗算②她，更不方便说实话，就说自己

zhǐ fùzé kān wūzi, duì Bǎoyù de shì bù qīngchu. Wáng
只负责看屋子，对宝玉的事不清楚。王

fūrén tīng tā zhème shuō, yě jiù xiāngxìn le. Dànshì tā
夫人听她这么说，也就相信了。但是她

mìnglìng Qíngwén bùzhǔn zài jiējìn Bǎoyù, hái shuōguò jǐ tiān
命令晴雯不准再接近宝玉，还说过几天

zài bǎ Qíngwén gǎn chūqu. Qíngwén kūzhe huíqu le.
再把晴雯赶出去。晴雯哭着回去了。

Wǎnfàn yǐhòu, děng Jiǎ mǔ shuìjiào le, dàjiā huídào
晚饭以后，等贾母睡觉了，大家回到

Dàguān Yuán yǐhòu, Fèngjiě dài rén kāishǐ jìn Dàguān Yuán
大观园以后，凤姐带人开始进大观园

sōuchá. Xiān chāojiǎnle shǒuyè de rén, chāojiǎn chūle
搜查③。先抄检了守夜④的人，抄检出了

yìxiē làzhú hé dēngyóu.
一些蜡烛⑤和灯油⑥。

Jiēzhe Fèngjiě dài rén cóng Bǎoyù zhù de Yíhóng Yuàn kāishǐ
接着凤姐带人从宝玉住的怡红院开始

sōuchá. Fèngjiě jiěshì shuō: "Diūle yí jiàn zhòngyào de
搜查。凤姐解释说："丢了一件重要的

① 松散 adj. (hair) hang loose; tousled; loosely organized
e.g. 儿童能说出的句子结构十分松散。

② 暗算 v. plot in secret
e.g. 为了工作却遭别人暗算，这个问题不解决，叫我们怎么干下去？

③ 搜查 v. search
e.g. 警察搜查了他的房间。

④ 守夜 v. watch at night
e.g. 屋里有灯光，但没有人守夜。

⑤ 蜡烛 n. candle
e.g. 她在蛋糕上插上了生日蜡烛。

⑥ 灯油 n. lamp oil
e.g. 灯灭了，他去找灯油。

dōngxi, suǒyǐ yào jiǎnchá jiǎnchá."　Púrénmen zǐxì
东西，所以要检查检查。"仆人们仔细

sōuchále yí biàn, hái jiào měi gè yāhuan bǎ zìjǐ de xiāngzi①
搜查了一遍，还叫每个丫环把自己的箱子①

dǎkāi ràng tāmen chákàn.　Sōuchá dào Qíngwén xiāngzi de
打开让她们查看。搜查到晴雯箱子的

shíhou, Wáng Shànbǎo xífu wèn:"Zhè shì shuí de xiāngzi?
时候，王善保媳妇问："这是谁的箱子？

Zěnme bù dǎkāi ràng sōu?"　Qíngwén yíxiàzi dǎkāile
怎么不打开让搜？"晴雯一下子打开了

xiāngzi, bǎ lǐmiàn de dōngxi dōu dào zàile dì shang.　Wáng
箱子，把里面的东西都倒在了地上。王

Shànbǎo xífu zǐxì jiǎnchá zhīhòu, bìng méiyǒu fāxiàn
善保媳妇仔细检查之后，并没有发现

shénme.　Dànshì yīnwèi Qíngwén dézuìle Jiǎ Fǔ de rén,
什么。但是因为晴雯得罪了贾府的人，

guòle jǐ tiān tā jiù bèi gǎnchūle Dàguān Yuán.　Dāngshí tā
过了几天她就被赶出了大观园。当时她

zhèngzài shēngbìng, jǐ tiān méi chī fàn.　Zuìhòu, tā bìngsǐ
正在生病，几天没吃饭。最后，她病死

zàile zìjǐ de gēge jiā li.
在了自己的哥哥家里。

　　Fèngjiě děng rén cóng Yíhóng Yuàn chūlai, zhǔnbèi dào
　　凤姐等人从怡红院出来，准备到

bié de dìfang qù sōuchá.　Fèngjiě gàosu Wáng Shànbǎo xífu,
别的地方去搜查。凤姐告诉王善保媳妇，

zhǐ néng chāojiǎn zìjiā rén, yídìng bù néng chāojiǎn Bǎochāi
只能抄检自家人，一定不能抄检宝钗

wū li.
屋里。

　　Fèngjiě tāmen dàole Xiāoxiāng Guǎn, Dàiyù yǐjīng shuì
　　凤姐她们到了潇湘馆，黛玉已经睡

le.　Wáng Shànbǎo xífu dài rén dào yāhuan fáng li yīyī
了。王善保媳妇带人到丫环房里一一

① 箱子 n. chest; trunk
e.g. 箱子里装着旧衣服。

搜查。只找到一些宝玉以前的东西，没什么大不了①的。

接着大家来到探春[4]住的院子里。探春早就得到了消息，命令所有丫环点着蜡烛打开门等着。凤姐笑着说是搜查丢了的东西。探春冷笑着说："我的丫环都是小偷，她们偷来的东西全部在我这儿呢。"说着命令丫环们把自己的箱子、柜子②打开，请凤姐搜查。凤姐连忙笑着说："妹妹别生我的气啊，是太太让我来搜查的。"凤姐于是赶紧让丫环们把探春的箱子关上。探春说："我的东西你们可以搜查，但是不准搜查我丫环的。如果你们不同意，就去告诉太太。有句话叫'百足之虫，死而不僵'[5]。像咱们这样的大户人家，外面的人来是打不垮③的，总是我们自己内部互相残杀④，才能把

① 大不了 nothing serious
e.g. 一点小伤，没什么大不了的。
② 柜子 n. cabinet; cupboard
e.g. 柜子上面放着一个箱子。
③ 垮 v. collapse
e.g. 水太大了，小桥被冲垮了。
④ 残杀 v. slaughter; kill
e.g. 凶狠的敌人在到处残杀人民。

zhěnggè jiā huǐdiào ！" Tànchūn shuōzhe kūle qǐlai.
整个家毁掉①！"探春说着哭了起来。

　　Fèngjiě méiyǒu shuōhuà. Dàjiā zài Tànchūn de wū li
　　凤姐没有说话。大家在探春的屋里

méiyǒu sōudào shénme dōngxi. Zhōu Ruì xífu shuō: "Méiyǒu
没有搜到什么东西。周瑞媳妇说:"没有

sōudào shénme dōngxi. Wǒmen zǒu ba." Tànchūn shuō:
搜到什么东西。我们走吧。"探春说:

" Jīntiān méiyǒu sōudào shénme, rúguǒ míngtiān zài lái, wǒ
"今天没有搜到什么,如果明天再来,我

juébúhuì zài ràng nǐmen sōu le." Fèngjiě xiàozhe shuō: "Wǒ
决不会再让你们搜了。"凤姐笑着说:"我

yǐjīng bǎ nǐ de dōngxi dōu sōuchá qīngchu le." Kěshì nà
已经把你的东西都搜查清楚了。"可是那

Wáng Shànbǎo xífu yīnwèi shì Xíng fūrén de péifang, lián
王善保媳妇因为是邢夫人的陪房,连

Wáng fūrén dōu gěi tā diǎn miànzi, jìngrán zhíjiē zǒudào
王夫人都给她点面子,竟然直接走到

Tànchūn de shēnbiān, gùyì bǎ Tànchūn de yīfu yì lā,
探春的身边,故意把探春的衣服一拉,

xiàozhe shuō: " Lián gūniang shēnshang wǒ dōu fān le, guǒrán
笑着说:"连姑娘身上我都翻了,果然

méiyǒu shénme."
没有什么。"

　　" Pā " de yì shēng, Tànchūn shānle Wáng Shànbǎo
　　"啪"地一声,探春扇了王善保

xífu yì ěrguāng. Tànchūn màzhe: " Nǐ shì shénme dōngxi,
媳妇一耳光。探春骂着:"你是什么东西,

gǎn lái lā wǒ de yīfu ! " Shuōzhe biàn jiěkāi yīfu,
敢来拉我的衣服!"说着便解开衣服,

lāzhe Fèngjiě yào Fèngjiě jiǎnchá. Zhòngrén màle Wáng Shànbǎo
拉着凤姐要凤姐检查。众人骂了王善保

xífu, yòu liánmáng lái quàn Tànchūn.
媳妇,又连忙来劝探春。

① 毁掉 v. destroy; ruin
e.g. 这件事毁掉了他们
两个的爱情。

Fèngjiě hé Píng'er děng rén bāng Tànchūn bǎ　yīfu　qúnzi
凤姐和平儿等人帮探春把衣服裙子

zhěnglǐ hǎo,　bǎ Wáng Shànbǎo xífu　gǎnle chūqu,　yìzhí
整理好，把王善保媳妇赶了出去，一直

děngdào fúshi Tànchūn shuì le,　cái dàizhe rén líkāi.
等到服侍探春睡了，才带着人离开。

Jiēzhe Fèngjiě děng rén yòu　sōuchále　Lǐ Wán zhù de
接着凤姐等人又搜查了李纨住的

Dàoxiāng Cūn,　yě méiyǒu sōuchá chū shénme dōngxi.　Ránhòu
稻香村，也没有搜查出什么东西。然后

tānmen láidào Xīchūn zhù de dìfang,　què cóng tā de yāhuan
她们来到惜春住的地方，却从她的丫环

Rùhuà　nàli　sōuchūle dà bāo de　jīnzi hé yínzi,　hái yǒu
入画那里搜出了大包的金子和银子，还有

yìxiē　nánrén de　yīfu　wàzi děng dōngxi.　Rùhuà xiàhuángle
一些男人的衣服袜子等东西。入画吓黄了

liǎn,　jiěshì shuō zhèxiē dōngxi dōu shì Jiǎ Zhēn dàye shǎngcì
脸，解释说这些东西都是贾珍大爷赏赐

gěi tā　gēge de,　tā xiān bǎoguǎnzhe.　Fèngjiě jiāng zhèxiē
给她哥哥的，她先保管着。凤姐将这些

dōu mòshōu le,　yòu qùle Yíngchūn zhù de yuànzi.
都没收了，又去了迎春住的院子。

Zhè shí Yíngchūn yǐjīng shuìzháo le.　Fèngjiě búràng
这时迎春已经睡着了。凤姐不让

jīngdòng tā,　zhíjiē qùle yāhuanmen fáng li.　Yǒu gè jiào
惊动她，直接去了丫环们房里。有个叫

Sīqí　de yāhuan shì Wáng Shànbǎo　xífu　de　wàisūnnǚ,
司棋的丫环是王善保媳妇的外孙女，

suǒyǐ Fèngjiě zǐxì　de kàn tā sōujiǎn.　Wáng Shànbǎo　xífu
所以凤姐仔细地看她搜检。王善保媳妇

xiān cóng biéren xiāngzi sōu,　dàole Sīqí　de xiāngzi,　tā
先从别人箱子搜，到了司棋的箱子，她

suíbiàn yòng shǒu　mōyimō　jiù yào gài xiāngzi.　Zhè shí Zhōu Ruì
随便用手摸一摸就要盖箱子。这时周瑞

① 如意 *n.* an S-shaped ornamental sceptre made of jade, bamboo or bone, a symbol of good luck
e.g. 博物馆里正在展出古代的玉如意。

② 情书 *n.* love letter
e.g. 现在很少有人写情书了。

③ 羞 *v.* feel humiliated; be shy
e.g. 她羞得低下了头。

④ 赃证 *n.* proof of being guilty; evidence against the accused
e.g. 在大量赃证面前，他交代了自己的犯罪经过。

⑤ 是非 *n.* rights and wrongs; disgraceful events
e.g. 我们不要随便说人是非。

媳妇伸手从箱子里拿出一双男人的袜子和一双鞋，还有一个小包，里面装着如意①和一封信。这些搜查的老一辈仆人都不认字，凤姐当家理事，还能认识几个字，就当着大家的面念了信。原来那信是司棋的表弟潘又安写给她的情书②。这王善保媳妇一心要找别人的错，没想到犯错的竟然是她的外孙女。她又气又羞③，用手一边打着自己的脸，一边骂着自己。在场的人都大笑起来。

凤姐把司棋关起来，又把赃证④拿了回去，准备第二天向王夫人报告。谁知道当晚凤姐却生病了，司棋的事情也就暂时放下了。抄检大观园，本来是为一只小小的香囊，结果却闹得大观园多了很多是非⑤。

一、词语注释 Notes

1. 香囊 perfume sachet

装着香料的小包，上面经常绣着花和图案，经常被青年男女用作定情的信物。过去，像贾府这样的大家族，按照传统的规矩，没结婚的年轻女孩儿都不能持有定情信物、情书和爱情小说，等等。如果一个未婚女子被发现有定情信物，就会被家族认为是一种耻辱。

A sachet filled with aromatic herbs that would often be embroidered with a variety of patterns. A perfume sachet is often used to serve as a token of love. In the past, in a big family like the Jia's, young, unmarried girls were not allowed to receive and keep love tokens, love letters, and books of love stories. These were regarded as dishonourable and shameful things.

2. 陪房 accompanying maid

古代有钱人家的小姐出嫁时，从娘家带到夫家的丫环。比方说王善保的媳妇就是邢夫人的陪房。有时候，经女主人同意，陪房可以成为男主人的妾。

A maidservant who followed a bride to her husband's family as her personal maid in old times. Wang Shanbao's wife (王善保媳妇) is an accompanying maid of Madame Xing (邢夫人). Sometimes such a maid would become a concubine with her mistress' permission.

3. 晴雯 Qingwen

贾宝玉的丫环，美丽聪慧，长得有点像林黛玉。她擅长针线活，但性格高傲，得理不饶人。

Baoyu's smart and beautiful maid. She bears some resembles to Lin Daiyu and is particularly good at needlework. However, she has a haughty personality and will not give in or compromise if she thinks she is on the right side of an argument.

4. 探春 Tanchun

贾政的妾赵姨娘生的女儿，贾宝玉同父异母的妹妹。她为人正直，性格泼辣。

The daughter of Jia Zheng and Concubine Zhao and half-sister to Baoyu. She is an upright and outspoken young lady.

5. 百足之虫，死而不僵 A centipede dies but dies hard.

百足虫被切断后虽然死了，但仍能蠕动，并未僵硬，看上去好像没死。这个成语用来比喻一个人或一个家族等虽然衰败了，但其势力和影响还在。在故事中用来比喻贾家虽然开始衰落，但表面上看起来仍然有钱有势。

This idiom implies that, after a person or a family has failed or declined, their influence still lingers. In the story, it is used to imply that, although the Jia family is beginning to decline, it still seems to be wealthy and powerful in the eyes of outsiders.

二、思考题 Reading Comprehension Questions

1. 抄检大观园是什么事情引起的？
2. 谁在王夫人面前说了晴雯的坏话？
3. 凤姐在入画箱子里找到了什么？这些东西是哪里来的？
4. 司棋是王善保媳妇的什么人？她犯了什么错？
5. 为什么要在大观园搜查香囊？

十六、宝玉丢玉，黛玉吐血

Shíliù, Bǎoyù diū yù, Dàiyù tù xiě

Guide to reading:

One day, Baoyu (宝玉) loses his jade charm and becomes confused. He knows nothing except for his love for Daiyu (黛玉). A fortune-teller suggests that a wedding can ward off Baoyu's sickness and help him recover. Therefore, his grandma and mother decide to hold a wedding ceremony for him. Daiyu hears that their grandma is going to find a girl in the Grand View Garden (大观园) to be his wife and thinks that she will be the bride. Her happiness turns to great sorrow when she finds that Baochai (宝钗) will be Baoyu's bride. Daiyu is so devastated that she takes to bed.

故事正文 Story

Dàiyù wúyì zhōng tīngdào Xuěyàn hé Zǐjuān shuō Bǎoyù
黛玉无意① 中 听到 雪雁和 紫鹃 说 宝玉

gēn biérén dìngqīn le , xīnzhōng hǎoxiàng fānjiāng-dǎohǎi
跟 别人 定亲② 了，心 中 好 像 翻江倒海③

yìbān . Tā xiǎng lái xiǎng qù , yǔqí zhèyàng huózhe ,
一 般。她 想 来 想 去， 与 其 这 样 活 着，

bùrú zǎoxiē sǐ le . Cóng nà tiān yǐhòu , Dàiyù duì zìjǐ
不 如 早 些 死 了。从 那 天 以 后， 黛玉 对 自 己

de shēntǐ jiànkāng wánquán búgù le , shuìjiào yě bú gài
的 身体 健康 完全 不顾 了， 睡觉 也 不 盖

bèizi , tiān lěng yě bù duō chuān yīfu , jiù lián měi tiān chī
被子， 天 冷 也 不 多 穿 衣服， 就 连 每 天 吃

fàn dōu chī de shǎo le . Tā xīn xiǎng , zhǐyào yǒu gè yì nián
饭 都 吃 得 少 了。她 心 想， 只要 有 个 一 年

bànnián de , zìjǐ yídìng huì shuāiruò ér sǐ .
半年 的， 自己 一定 会 衰弱④而死。

Bǎoyù fàngxué huí jiā de shíhou , yě chángcháng qù kàn
宝玉 放学 回 家 的 时候， 也 常 常 去 看

Dàiyù . Dàiyù juéde xiànzài liǎng gè rén niánjì dōu dà le ,
黛玉。黛玉 觉得 现在 两 个 人 年纪 都 大 了，

bù néng xiàng xiǎoshíhou kěyǐ suíbiàn shuōhuà . Suīrán xīn
不 能 像 小时候 可以 随便 说话。虽然 心

lǐmiàn yǒu qiānyán-wànyǔ , kěshì dōu shuō bù chūlai . Bǎoyù
里面 有 千言万语⑤，可是 都 说 不 出来。宝玉

yě xiǎng bǎ xīnlihuà gàosu Dàiyù , kěshì yīnwèi Dàiyù
也 想 把 心里话 告诉 黛玉， 可是 因为 黛玉

róngyì shēngqì , Bǎoyù hàipà Dàiyù tīngle shēngqì , shǐ tā
容易 生气， 宝玉 害怕 黛玉 听了 生气， 使 她

de bìng gèngjiā yánzhòng , suǒyǐ yě bùgǎn shuō . Liǎng gè rén
的 病 更加 严重， 所以 也 不敢 说。两 个 人

běnlái hěn qīnjìn , dàn yóuyú wèi duìfāng xiǎng de tài duō ,
本来 很 亲近， 但 由于 为 对方 想 得 太 多，

①无意 adv. accidentally
e.g. 她无意中打碎了杯子。

②定亲 v. be engaged or betrothed (arranged by parents)
e.g. 在农村，定亲要买一对金戒指。

③翻江倒海 (literally) overturning rivers and seas; overwhelming; earth-shattering
e.g. 她表面很平静，内心却翻江倒海。

④衰弱 adj. weak and feeble
e.g. 手术以后，他的身体越来越衰弱。

⑤千言万语 thousands and thousands of words; lots of things to say
e.g. 亲人的一句问候，往往顶的上别人的千言万语。

fǎn'ér xiǎnde bú xiàng yǐqián nàme qīnmì le. Liǎng gè rén
反而显得不像以前那么亲密了。两个人

jiànle miàn, hǎoxiàng méi shénme huà shuō. Cóng cǐ, Dàiyù
见了面，好像没什么话说。从此，黛玉

chī fàn yì tiān bǐ yì tiān shǎo, bàn gè yuè zhīhòu, wèikǒu
吃饭一天比一天少，半个月之后，胃口

biànde fēicháng chà, zhōngyú yǒu yì tiān lián zhōu dōu bù néng
变得非常差，终于有一天连粥都不能

hē le. Tā búyào rén lái kànwàng, yě bù chī yào, zhǐ
喝了。她不要人来看望，也不吃药，只

xiǎng kuàidiǎn sǐ.
想快点死。

Yì tiān, tā yìdiǎn dōngxi yě bù chī, lián zhōu yě bù
一天，她一点东西也不吃，连粥也不

hē, tǎngzhe děngsǐ. Tànchūn de yāhuan Shìshū lái kàn
喝，躺着等死。探春的丫环侍书来看

Dàiyù, jiàn Dàiyù shuìzháo le, biàn hé Xuěyàn qiāoqiāo de
黛玉，见黛玉睡着了，便和雪雁悄悄地

shuōhuà. Shìshū duì Xuěyàn shuō, gěi Bǎoyù tíqīn① de
说话。侍书对雪雁说，给宝玉提亲①的

shìqing zhǐshì jiā zhōng zhǎngbèi shāngliang, bìng méiyǒu juédìng
事情只是家中长辈商量，并没有决定

xiàlai. Shìshū hái shuō, duì Bǎoyù hūnshì de yìjiàn, Jiǎ
下来。侍书还说，对宝玉婚事的意见，贾

mǔ dǎsuàn zài Dàguān Yuán li de jiěmèi lǐmiàn zhǎo.
母打算在大观园里的姐妹里面找。

Dàiyù tīngdào le, xīnli xiǎng: rúguǒ shì zhèyàng,
黛玉听到了，心里想：如果是这样，

nà zhè gè rén bú shì zìjǐ hái néng shì shuí ne? Xiǎngdào
那这个人不是自己还能是谁呢? 想到

zhèr, Dàiyù yíxiàzi juéde xīnqíng hǎo duō le, yě bù
这儿，黛玉一下子觉得心情好多了，也不

xiǎng sǐ le. Tā qǐshēn hēle liǎng kǒu shuǐ, juéde suīrán
想死了。她起身喝了两口水，觉得虽然

①提亲 v. propose a
marriage
e.g. 上门提亲的人不少，
可她一个也没相中。

shēnzi fāruǎn, jīngshen yě bù hǎo, dànshì què bú xiàng yǐqián
身子发软，精神也不好，但是却不像以前
nàyàng shuāiruò le. Dàjiā bù míngbai Dàiyù shēngbìng de
那样衰弱了。大家不明白黛玉生病的
yuányīn, dōu shuō Dàiyù bìng de qíguài, hǎo de yě qíguài.
原因，都说黛玉病得奇怪，好得也奇怪。
Kěshì Dàiyù xiǎngcuò le. Duì Jiǎ Bǎoyù de hūnyīn
可是黛玉想错了。对贾宝玉的婚姻
dàshì, Jiǎ mǔ hé Wáng fūrén zǎojiù yǒule dǎsuàn. Jiǎ mǔ
大事，贾母和王夫人早就有了打算。贾母
shuō: "Tīngshuō Dàiyù hūrán shēngbìng le, yòu hūrán hǎo
说："听说黛玉忽然生病了，又忽然好
le. Dàiyù píqi xìnggé tài gǔguài le, wǒ juéde Dàiyù
了。黛玉脾气性格太古怪①了，我觉得黛玉
hé Bǎoyù jiéhūn bùxíng, bù néng bǎ Dàiyù jià gěi Bǎoyù.
和宝玉结婚不行，不能把黛玉嫁给宝玉。
Érqiě Dàiyù shēntǐ hěn ruò, kǒngpà bù néng chángshòu
而且黛玉身体很弱，恐怕不能长寿②，
zhǐyǒu Bǎochāi zuì héshì." Wáng fūrén shuō: "Wǒmen yě
只有宝钗最合适。"王夫人说："我们也
shì zhèyàng xiǎng de."
是这样想的。"
Wáng fūrén hé Jiǎ Zhèng shāngliang, děng Jiǎ mǔ guòwán
王夫人和贾政商量，等贾母过完
shēngrì, jiù dìng rìzi gěi Bǎoyù hé Bǎochāi jǔxíng hūnlǐ.
生日，就定日子给宝玉和宝钗举行婚礼。
Wáng fūrén jiāng zhè gè ānpái gàosule Jiǎ mǔ, Jiǎ mǔ
王夫人将这个安排告诉了贾母，贾母
juéde zhè gè ānpái hěn búcuò.
觉得这个安排很不错。
Yì tiān, Jiǎ Bǎoyù zài huàn yīfu shí bǎ měi tiān dài zài
一天，贾宝玉在换衣服时把每天戴在
bózi shàng de yù qǔle xiàlai. Méi xiǎngdào huànwán yīfu
脖子上的玉取了下来。没想到换完衣服

①古怪 adj. odd; eccentric
e.g. 人老了常常变得古
怪。
②长寿 adj. living a long
life
e.g. 奶奶过生日，大家
祝她健康长寿。

zhīhòu , zhè yù què zhǎobudào le . Quán jiā shàngxià shìle gè
之后，这玉却找不到了。全家上下试了各

zhǒng bànfǎ zhǎo yù , què dōu zhǎobudào . Bǎoyù diū yù
种办法找玉，却都找不到。宝玉丢玉

yǐhòu , zhěng tiān shīhún-luòpò , huà yě shuō bù qīngchu
以后，整天失魂落魄①，话也说不清楚

le , búlùn chī shénme yào dōu méiyǒu xiàoguǒ , yì tiān bǐ yì
了，不论吃什么药都没有效果，一天比一

tiān dāishǎ . Tā bù fāshāo , shēnshang yě bù téng , jiùshì
天呆傻。他不发烧，身上也不疼，就是

bù xiǎng chī fàn , yě bù xiǎng shuìjiào , lián shuōhuà yě méiyǒu
不想吃饭，也不想睡觉，连说话也没有

tóuxù . Jiǎ mǔ jǐ de yǎnlèi zhí liú .
头绪②。贾母急得眼泪直流。

Jiǎ mǔ jiàn Bǎoyù bìng hǎo bù qǐlái , jiù jiào rén chūqu
贾母见宝玉病好不起来，就叫人出去

zhǎo suànmìng xiānsheng [1] gěi Bǎoyù suànmìng . Suànmìng
找算命先生[1]给宝玉算命。算命

xiānsheng shuō , děi gěi Bǎoyù chōngxǐ , jiè xǐshì bǎ
先生说，得给宝玉冲喜[2]，借喜事把

Bǎoyù de bìng chōngdiào , bìng jiù nénghǎo , érqiě , jiéhūn
宝玉的病冲掉，病就能好，而且，结婚

de duìxiàng yào shì jīnmìng . Bǎochāi jiù shì jīnmìng , suǒyǐ Jiǎ
的对象要是金命。宝钗就是金命，所以贾

mǔ děng rén jiù xiǎng gǎnkuài ràng Bǎochāi gēn Bǎoyù jiéhūn . Kě
母等人就想赶快让宝钗跟宝玉结婚。可

dàjiā dōu zhīdao Bǎoyù yìxīn zhǐ xǐhuan Dàiyù , wànyī
大家都知道宝玉一心只喜欢黛玉，万一

Bǎoyù bù tóngyì zěnmebàn ? Wáng Xīfèng chūle gè
宝玉不同意怎么办？王熙凤出了个

"diàobāo" de zhǔyi , nà jiùshì gàosu Bǎoyù tā qǔ de
"掉包③"的主意，那就是告诉宝玉他娶的

shì Dàiyù , shíjì shàng qǔ de què shì Bǎochāi . Yúshì dàjiā
是黛玉，实际上娶的却是宝钗。于是大家

①失魂落魄 go out of one's mind; be scared out of one's wits
e.g. 一个人失魂落魄地闯进了我们办公室。
②头绪 main threads (of a complicated affair); clue
e.g. 这个案子让人没有头绪。
③掉包 v. stealthily substitute the fake for the real
e.g. 最重要的，是查出被掉包的黄金在哪里。

juédìng mánzhe Bǎoyù、 Dàiyù， mìmì zhǔnbèi hūnlǐ.
决定瞒①着宝玉、黛玉，秘密准备婚礼。

Zhè tiān， Dàiyù dàizhe Zǐjuān chūle Xiāoxiāng Guǎn，qù
这天，黛玉带着紫鹃出了潇湘馆，去

Jiǎ mǔ nàli qǐng'ān. Zǒule jǐ bù， fāxiàn shǒujuàn méi
贾母那里请安。走了几步，发现手绢没

ná， jiù ràng Zǐjuān huíqu qǔ， zìjǐ wǎng qián mànmàn
拿，就让紫鹃回去取，自己往前慢慢

zǒuzhe děng Zǐjuān. Gāng zǒudào yǐqián hé Bǎoyù zàng② huā
走着等紫鹃。刚走到以前和宝玉葬②花

de dìfang， hūrán tīngjiàn yǒu rén zài kū. Dàiyù mànmàn de
的地方，忽然听见有人在哭。黛玉慢慢地

zǒu guòqu， kànjiàn yí gè yāhuan zài nàli kū ne. Nà gè
走过去，看见一个丫环在那里哭呢。那个

yāhuan jiàn Dàiyù lái le， bùgǎn zài kū， zhàn qǐlai cā
丫环见黛玉来了，不敢再哭，站起来擦

yǎnlèi. Dàiyù wèn："Nǐ hǎohāo de wèi shénme zài zhèli
眼泪。黛玉问："你好好的为什么在这里

shāngxīn？" Nà yāhuan tīngle zhè huà， shuō："Wǒ shuōcuòle
伤心？"那丫环听了这话，说："我说错了

yí jù huà， Zhēnzhū jiějie jiù dǎ wǒ. Tā wèi shénme dǎ
一句话，珍珠姐姐就打我。她为什么打

wǒ ya？"
我呀？"

Dàiyù tīng le， cái zhīdao tā shì Jiǎ mǔ wū li de
黛玉听了，才知道她是贾母屋里的

yāhuan， jiù wèn tā："Nǐ shuōcuòle shénme huà le？" Nà
丫环，就问她："你说错了什么话了？"那

yāhuan shuō："Jiùshì wèi Bǎo èryé qǔ Bǎo gūniang de
丫环说："就是为宝二爷娶宝姑娘的

shìqing." Dàiyù tīngle zhè yí jù， rútóng wǔléi-hōngdǐng，
事情。"黛玉听了这一句，如同五雷轰顶③，

yòu wèn："Bǎo èryé qǔ Bǎo gūniang， wèi shénme dǎ nǐ
又问："宝二爷娶宝姑娘，为什么打你

①瞒 v. conceal; hush up
e.g. 这件事你不可能一直瞒着她。

②葬 v. bury
e.g. 他的亲人就葬在这里。

③五雷轰顶 suffer a severe blow; be thunder struck
e.g. 听了这个消息，她如同五雷轰顶，半天说不出话来。

ne？" Nà yāhuan shuō："Lǎotàitai 、 tàitai 、 èrnǎinai
呢？"那丫环 说："老太太、太太、二奶奶

shuō， yào gǎnjǐn shāngliang， bǎ Bǎo gūniang qǔ guòlai.
说，要赶紧 商 量，把宝 姑 娘 娶过来。

Dì-yī， wèi de shì gěi Bǎo èryé chōngxǐ； dì-èr， hái yào
第一，为的是给宝二爷冲喜；第二，还要

gěi Lín gūniang shuō pójia ne. Wǒ yòu bù zhīdao tāmen zěnme
给林姑 娘 说 婆家呢。我又不知道他们怎么

shāngliang de， biérén yòu méi gàosu wǒ bù néng shuō， jiù dǎ
商 量的，别人又没告诉我不能 说，就打

wǒ." Shuōzhe， yòu kū qǐlai.
我。"说着，又哭起来。

Dàiyù tīngwán， shuōbuchū huà lái. Děngle yíhuìr，
黛玉听完，说不出话来。等了一会儿，

tā cái chàndǒu de shuō："Nǐ zài luàn shuō， jiào rén tīng jiàn
她才颤抖①地说："你再乱说，叫人听见

yòu yào dǎ nǐ le. Nǐ kuài qù ba." Shuōzhe， zìjǐ běn
又要打你了。你快去吧。"说着，自己本

xiǎng huí Xiāoxiāng Guǎn qù， kě què dōng zhuàn xī zhuàn，
想 回 潇湘 馆去，可却东 转 西转，

míshīle fāngxiàng. Zhè shí Zǐjuān gǎn guòlai， wèn
迷失了方 向。这时紫鹃赶过来，问

Dàiyù "Gūniang， zěnme yòu huíqu？ Zhè shì wǎng nǎ li
黛玉："姑娘，怎么又回去？这是往哪里

qù？" Dàiyù shuō："Wǒ wènwen Bǎoyù qu！" Zǐjuān tīng
去？"黛玉说："我问问宝玉去！"紫鹃听

le， yě méi nòng qīngchu zěnme huíshì， zhǐ děi fúzhe tā
了，也没 弄 清楚怎么回事，只得扶着她

dào Jiǎ mǔ zhèbiān lái.
到贾母这边来。

Dàiyù zǒudào Jiǎ mǔ ménkǒu， zhíjiē xiàng Bǎoyù de
黛玉走到贾母门口，直接向宝玉的

fángjiān zǒuqù. Zǐjuān xīnli dānxīn Dàiyù gēn Bǎoyù
房间走去。紫鹃心里担心黛玉跟宝玉

①颤抖 v. tremble
e.g. 他颤抖地坐到椅子
上。

见面，因为宝玉已经疯疯傻傻①，黛玉又
这样恍恍惚惚②，两个病人见面可
怎么办呢？紫鹃心里这样想，却不敢说，
只得扶着黛玉进去。

黛玉也不用紫鹃掀帘子，自己掀起帘子
进来。宝玉屋里一点声音也没有。黛玉
笑着说："宝二爷在家吗？"宝玉见黛玉
进来，也不起来让座，只看着黛玉傻笑。
黛玉自己坐下，也看着宝玉笑。两个人也
不问好，也不说话，你看我、我看你地
傻笑。袭人看见这个样子，心里也没了
主意，一点儿办法也没有。忽然黛玉说：
"宝玉，你为什么病了？"宝玉笑着说：
"我为林姑娘病了。"接着，两个人又
傻笑起来。

等了一会儿，黛玉站起身来，看着
宝玉又笑，又点头。紫鹃说："姑娘回家

①疯疯傻傻 act like a
lunatic; mad
e.g. 女孩子要像个女孩
子，不能疯疯傻傻。
②恍恍惚惚 be in a
trance
e.g. 她恍恍惚惚地走在
大街上，不知道要去哪
里。

qù xiēxie ba.” Dàiyù shuō:“ Kěbushì ma, wǒ zhè jiù
去歇歇吧。”黛玉 说:“可不是吗,我这就

huíqu le. Shuōwán, jiù xiàozhe chūlai le, búyòng
回去了。”说完,就笑着出来了,不用

yāhuanmen fú, zìjǐ zǒu de bǐ wǎngcháng hái kuài. Zǐjuān
丫环们扶,自己走得比往常还快。紫鹃

děng rén gǎnmáng gēn zài hòumiàn. Dàiyù chūle yuàn ménkǒu,
等人赶忙跟在后面。黛玉出了院门口,

zhǐguǎn yìzhí zǒu. Zǐjuān liánmáng fúzhù tā, jiàodào:
只管一直走。紫鹃连忙扶住她,叫道:

“ Lín gūniang wǎng zhèbiān zǒu!” Dàiyù yìbiān xiàozhe,
“林姑娘往这边走!”黛玉一边笑着,

yìbiān gēnzhe Zǐjuān wǎng Xiāoxiāng Guǎn zǒu.
一边跟着紫鹃往潇湘馆走。

Lí Xiāoxiāng Guǎn ménkǒu bù yuǎn, Zǐjuān shuō:
离潇湘馆门口不远,紫鹃说:

“ Ēmítuófó, kě dàole jiā le!” Kěshì zhè yí jù huà
“阿弥陀佛,可到了家了!”可是这一句话

hái méi shuōwán, jiù kànjiàn Dàiyù shēnzi wǎng qián yì dǎo,
还没说完,就看见黛玉身子往前一倒,

“ wā” de yì shēng, yì kǒu xiě tùle chūlai. Zǐjuān hé
“哇”的一声,一口血吐了出来。紫鹃和

Xuěyàn xià de yào sǐ, huāngmáng bàogào Jiǎ mǔ hé Fèngjiě.
雪雁吓得要死,慌忙报告贾母和凤姐。

Jiǎ mǔ hé Fèngjiě lái kànwàng Dàiyù, zhǐ jiàn Dàiyù liǎnsè bái
贾母和凤姐来看望黛玉,只见黛玉脸色白

de xiàng xuě yíyàng, yìdiǎn jīngshen yě méiyǒu. Jiǎ mǔ kànjiàn
得像雪一样,一点精神也没有。贾母看见

Dàiyù zhè gè yàngzi, fēicháng shāngxīn nánshòu. Jiǎ mǔ
黛玉这个样子,非常伤心难受。贾母

zhīdao Dàiyù de bìng nán hǎo, fēnfu Fèngjiě hǎohāo zhàogù
知道黛玉的病难好,吩咐凤姐好好照顾

Dàiyù, tóngshí ānpái hǎo Bǎoyù de hūnshì.
黛玉,同时安排好宝玉的婚事。

一、词语注释 Notes

1. 算命先生 fortune-teller

预卜未来的人。算命先生可以根据阴阳五行（金木水火土）和八字（四对时间点，即一个人出生的年、月、日、时）来推算一个人的财富和命运。

Someone who would tell one's fortune and destiny through calculation based on the following information — yin (阴) and yang (阳), the five elements (metal, wood, water, fire, and earth), and the eight characters (in four pairs, indicating the year, month, day and hour of a person's birth).

2. 冲喜 "warding-off" joyous event

一种迷信习俗。家中有人病重时，通过办喜事（如婚礼）来驱除病魔。通常这种婚礼是为病重的新郎准备的，就是通过婚礼的喜庆氛围来祛除病人病逝的危险。这种婚礼通常也被用来挽救新郎病重的父母或者祖父母。

宝玉在丢了玉之后精神错乱，因此他的祖母和母亲决定给他冲喜，希望和宝钗结婚能让宝玉从疯疯癫癫中恢复过来。

A superstitious practice in China in the past. It was often a wedding arranged for a young man who was dangerously ill in the hope that the joyous occasion would ward off the danger of imminent death. It was also a common practice to hold such a wedding in order to save the life of the bridegroom's sick parent or grandparent.

Baoyu (宝玉) becomes a lunatic after he loses his jade charm. His grandma and mother therefore decide to hold a wedding ceremony for him to marry Baochai (宝钗) in the hope that he can recover from his madness.

二、思考题 Reading Comprehension Questions

1. 黛玉一开始为什么想死？后来她的病为什么好了？
2. 宝玉丢了玉之后变成了什么样子？
3. 王熙凤想出了什么办法让宝玉娶宝钗？
4. 黛玉知道了宝玉要和宝钗结婚之后，发生了什么？

十七、黛玉含恨①去世，
Shíqī， Dàiyù hánhèn qùshì，

宝玉昏沉②成亲③
Bǎoyù hūnchén chéngqīn

① 含恨 *v.* harbour a grievance or resentment

e.g. 他上了骗子的当，含恨自杀。

② 昏沉 *adj.* befuddled; unable to think clearly

e.g. 她渐渐醒来，有一种昏沉的感觉。

③ 成亲 *v.* get married

e.g. 成亲要选一个好日子。

Guide to reading:

A "warding-off" wedding (冲喜) is quickly arranged. When Daiyu (黛玉) hears Baoyu (宝玉) is going to marry Baochai (宝钗), she is so devastated that her health deteriorates dangerously. She dies with a broken heart in the middle of the wedding ceremony between Baoyu and Baochai. Baoyu does not regain his mental soundness and has no knowledge of Daiyu's situation. On the night of the wedding, Xueyan (雪雁), Daiyu's maid from her hometown, is sent to accompany Baochai as personal maid so that Baoyu is tricked to believe the bride is Daiyu. In the bridal chamber, when Baoyu discovers that the bride is actually Baochai, he insists he marries Daiyu instead of Baochai. No one dares to tell him that Daiyu has already passed away. Finally, Baochai reveals the truth and Baoyu passes out upon the news. When Baoyu regains his consciousness, he sobers up, but cannot stop crying for Daiyu for a long time. He will forever blame himself for having let down Daiyu's deep love for him. In contrast, the Jia family considers Baoyu's marriage to Baochai a good match of gold (Baochai) and jade (Baoyu).

故事正文 Story

黛玉听说了宝玉要娶宝钗的事，病得
越来越厉害了。大家都在准备宝玉的婚事，
没有人关心生病的黛玉。

黛玉整天躺在床上，连起床都
十分困难。紫鹃心疼黛玉，一直哭，连眼泪
都快流干了。这天早上，黛玉挣扎着从
床上坐起来，眼睛直直地盯①着箱子，
却一句话也说不出来。丫环雪雁不明白
黛玉的意思。她以为黛玉是想要以前的
诗稿②，就把那些诗稿拿给她。黛玉十分
虚弱，却一直摇头，雪雁实在不明白。

黛玉又抬眼看箱子，雪雁还是不明白。
黛玉一生气，又是一阵咳嗽，咳出了很多
血。紫鹃以为黛玉是想要箱子里的手帕，
就叫雪雁取来手帕。可是黛玉还是一直摇头，
过了好一会儿才喘了口气③说："有字的！"

① 盯 *v.* fix one's eyes on; gaze at
e.g. 那只猫一直盯着鱼缸里的小鱼。

② 诗稿 *n.* poem draft
e.g. 他生前的诗稿由他妻子保管。

③ 喘 *v.* breathe heavily; gasp for breath
e.g. 他咳得很厉害，不停地喘气。

Zǐjuān mǎshàng míngbai guòlai le,　Dàiyù shì xiǎng yào Bǎoyù
紫鹃马上明白过来了，黛玉是想要宝玉
sòng gěi tā de jiù shǒupà,　zhǐ děi jiào Xuěyàn nálai.
送给她的旧手帕，只得叫雪雁拿来。

　　Zǐjuān quàndào:"Gūniang xiēxie ba,　děng hǎole zài
　　紫鹃劝道:"姑娘歇歇吧，等好了再
kàn ba."　Dàiyù jiēguò shǒupà,　shēnchū shǒu pīnmìng de
看吧。"黛玉接过手帕，伸出手拼命地
sī,　kěshì sībudòng.　Zǐjuān zhīdao tā shì hèn Bǎoyù,
撕①，可是撕不动。紫鹃知道她是恨宝玉，
dàn yě bùgǎn shuōpò,　zhǐshì quàn:"Gūniang,　hékǔ
但也不敢说破，只是劝:"姑娘，何苦
zìjǐ yòu shēngqì!"　Dàiyù qíngxù shífēn jīdòng,　xiūxi
自己又生气!"黛玉情绪十分激动，休息
yíhuìr yǐhòu,　yòu ràng diǎn huǒpén.　Xuěyàn qǔle
一会儿以后，又让点火盆。雪雁取了
huǒpén,　fàngdào Dàiyù chuáng qián.　Dàiyù diǎndiǎn tóu,
火盆，放到黛玉床前。黛玉点点头，
yíxiàzi bǎ Bǎoyù sòng de shǒupà rēngjìnle huǒ li,　ránhòu
一下子把宝玉送的手帕扔进了火里，然后
yòu bǎ tā yǐqián xiě de shīgǎo rēngle jìnqu.　Zuòwán zhèxiē,
又把她以前写的诗稿扔了进去。做完这些，
Dàiyù zuìhòu de yìdiǎnr lìqi dōu yòngwán le,　tā
黛玉最后的一点儿力气都用完了，她
yíxiàzi dǎo zài chuáng shang,　yǐjīng kuài yào bù néng hūxī
一下子倒在床上，已经快要不能呼吸
le.　Zǐjuān jiàn Dàiyù zhèyàng,　shífēn nánguò,　xīn xiǎng,
了。紫鹃见黛玉这样，十分难过，心想，
yídìng yào zhǎo Bǎoyù wèn gè míngbai.　Yúshì,　Zǐjuān zǒuchū
一定要找宝玉问个明白。于是，紫鹃走出
Xiāoxiāng Guǎn,　xiǎng yào qù zhǎo Bǎoyù,　kěshì nǎ li dōu
潇湘馆，想要去找宝玉，可是哪里都
zhǎobudào Bǎoyù.　Zǐjuān zhè cái míngbai,　Bǎoyù jīntiān yào
找不到宝玉。紫鹃这才明白，宝玉今天要

① 撕 v. tear
e.g. 我的上衣撕开了一
个口子。

qǔ Bǎochāi, Fèngjiě yídìng pà zìjǐ dǎoluàn, shì búhuì
娶宝钗，凤姐一定怕自己捣乱①，是不会
ràng zìjǐ zhǎodào Bǎoyù de.
让自己找到宝玉的。

Zǐjuān xiǎngdào Dàiyù bìngzhòng, shēnbiān xūyào rén
　　紫鹃想到黛玉病重，身边需要人
zhàogù, mǎshàng huídào Xiāoxiāng Guǎn. Zǐjuān kàndào Dàiyù
照顾，马上回到潇湘馆。紫鹃看到黛玉
yuèláiyuè bùhǎo, xīnli zháojí, yòu bù zhīdao gāi zhǎo shuí
越来越不好，心里着急，又不知道该找谁
lái bāngmáng. Tā hūrán xiǎngdào, Lǐ Wán yīnggāi néng lái
来帮忙。她忽然想到，李纨[1]应该能来
bāngmáng, yīnwèi Bǎoyù jiéhūn shì xǐshì, ànzhào chuántǒng
帮忙，因为宝玉结婚是喜事，按照传统
xísú, sǐle zhàngfu de Lǐ Wán shì bù néng qù cānjiā hūnlǐ
习俗，死了丈夫的李纨是不能去参加婚礼
de. Zǐjuān liánmáng jiào rén qù jiē Lǐ Wán lái bāngmáng.
的。紫鹃连忙叫人去接李纨来帮忙。
Lǐ Wán gǎnlái, mǎshàng ānpái yātoumen gěi Dàiyù cāxǐ
李纨赶来，马上安排丫头们给黛玉擦洗
shēnzi, hǎo ràng Dàiyù gāngānjìngjìng de líkāi.
身子，好让黛玉干干净净地离开。

Zhè shí, Fèngjiě ràng Píng'er guòlai qǐng Zǐjuān péi Bǎochāi
　　这时，凤姐让平儿过来请紫鹃陪宝钗
chūjià, piànpian Bǎoyù. Yīnwèi rúguǒ Bǎoyù kàndào xīnniáng
出嫁，骗骗宝玉。因为如果宝玉看到新娘②
shēnbiān de yāhuan shì Zǐjuān, yídìng huì xiāngxìn xīnniáng shì
身边的丫环是紫鹃，一定会相信新娘是
Dàiyù. Zǐjuān xiǎngdào hé Dàiyù de jiěmèi gǎnqíng, yìxīn
黛玉。紫鹃想到和黛玉的姐妹感情，一心
yào zài Dàiyù qùshì zhīqián péi zài tā de shēnbiān. Yúshì,
要在黛玉去世之前陪在她的身边。于是，
Zǐjuān tuīcí shuō zìjǐ zài zhàogù bìngrén, qù cānjiā hūnlǐ
紫鹃推辞说自己在照顾病人，去参加婚礼

① 捣乱 v. make trouble;
cause a disturbance
e.g. 小孩子喜欢捣乱。
② 新娘 n. bride
e.g. 新娘长得非常漂亮。

yǒu diǎn bù fāngbiàn,　Xuěyàn shì Dàiyù cóng nánbian dàilái de
有点不方便，雪雁是黛玉从 南边带来的

yātou,　háishi qǐng Xuěyàn qù ba.
丫头，还是 请雪雁去吧。

Bǎoyù bù zhīdao　qíshí　shì yào hé Bǎochāi chéngqīn,
宝玉不知道其实是要和宝钗 成亲，

yìxīn　xiǎngzhe mǎshàng jiù yào hé　Dàiyù chéngqīn le,　yìzhí
一心想着马上就要和黛玉成亲了，一直

shǎhūhū de gāoxìng.　Bùyíhuìr,　Bǎoyù kàn jiàn Xuěyàn
傻乎乎地高兴。不一会儿，宝玉看见雪雁

fúzhe xīnniáng zǒulái,　xīnzhōng fēicháng huānxǐ,　hǎoxiàng yě
扶着新娘走来，心中非常欢喜，好像也

bù shǎ le.　Xīnfáng　nèi,　Bǎoyù kànzhe xǐchuáng　shang de
不傻了。新房①内，宝玉看着喜床[2]上的

xīnniáng méngzhe hónggàitou,　xiǎng qù jiēkāi　hónggàitou,
新娘蒙②着 红盖头[3]，想去揭开③红盖头，

yòu pà Lín mèimei shēngqì.　Tā shǎshǎ de zhàn zài xīnniáng
又怕林妹妹生气。他傻傻地站在新娘

miànqián,　bù zhīdao gāi zěnmebàn.
面前，不知道该怎么办。

Fèng jiě pà Bǎoyù rènchū xīnniáng shì Bǎochāi,　zǎo jiù
凤姐怕宝玉认出新娘是宝钗，早就

ānpái Wáng fūrén hé Jiǎ mǔ zài yìpáng kānzhe Bǎoyù.　Bǎoyù
安排 王 夫人和贾母在一旁看着宝玉。宝玉

jiēkāile　xīnniáng de hónggàitou,　què kàndào Bǎochāi zuò zài
揭开了新娘的红盖头，却看到宝钗坐在

xǐchuáng shang,　shēnbiān de yāhuan yě huànchéngle Yīng'er.
喜床上，身边的丫环也换成了莺儿。

Bǎoyù yǐwéi　zìjǐ　shì zài zuòmèng, wèn Xírén:"Wǒ shì zài
宝玉以为自己是在做梦，问袭人："我是在

nǎr　a?　Zhè wèi měirén shì shuí a?"　Xírén　zhǐ děi hǒng
哪儿啊？这位美人是谁啊？"袭人只得哄

tā shuō:"Zhè shì nǐ de xīnniáng a!"
他说："这是你的新娘啊！"

① 新房 n. bridal chamber; wedding chamber
e.g. 她在郊区给儿子买了一套房子做新房。
② 蒙 v. cover
e.g. 我的眼前好像蒙着一层雾。
③ 揭开 v. remove; unveil
e.g. 发展中的中国海军向世界揭开面纱。

Bǎoyù kàndào xīnniáng bú shì Lín mèimei, jiù yào qù zhǎo
宝玉看到新娘不是林妹妹，就要去找
Lín mèimei. Zhòngrén zhǐ děi diǎnqǐ ānshénxiāng hǒngzhe
林妹妹。众人只得点起安神香[4] 哄着
Bǎoyù shuìxià le. Bǎoyù nàbiān zhèngzài chéngqīn, Dàiyù què
宝玉睡下了。宝玉那边正在成亲，黛玉却
zhǐ shèngxià zuìhòu yì kǒu qì le.
只剩下最后一口气了。

Dàiyù xiǎngdào zìjǐ jiù yào sǐ le, shēnbiān méiyǒu
黛玉想到自己就要死了，身边没有
qīnrén péibàn, lián zìjǐ zuì ài de Bǎoyù dōu méiyǒu lái
亲人陪伴，连自己最爱的宝玉都没有来
kànkan, zhǐyǒu hǎo jiěmèi Zǐjuān zài zìjǐ shēnbiān, xīnli
看看，只有好姐妹紫鹃在自己身边，心里
shífēn nánshòu. Dàiyù lāzhe Zǐjuān de shǒu gàosu Zǐjuān,
十分难受。黛玉拉着紫鹃的手告诉紫鹃，
yídìng yào bǎ zìjǐ sònghuí nánfāng lǎojiā ānzàng, shuōwán
一定要把自己送回南方老家安葬，说完
jiù bùtíng de chuǎnqì, shǒu yě jiànjiàn liáng le. Zǐjuān kū
就不停地喘气，手也渐渐凉了。紫鹃哭
de sǐqù-huólái①, Dàiyù tūrán hǎnzhe: "Bǎoyù,
得死去活来①，黛玉突然喊着："宝玉，
Bǎoyù, nǐ hǎo......" Dàiyù shuōdào "hǎo" zì, jiù
宝玉，你好……"黛玉说到"好"字，就
méiyǒu zài shuō xiàqu. Zǐjuān gǎnjǐn fúzhù Dàiyù, gǎndào
没有再说下去。紫鹃赶紧扶住黛玉，感到
Dàiyù de shēnzi jiànjiàn biànlěng, yǎnjing yě bìshàng le. Lín
黛玉的身子渐渐变冷，眼睛也闭上了。林
Dàiyù zuìzhōng háishi méiyǒu zài sǐ qián jiàndào Bǎoyù, jiù
黛玉最终还是没有在死前见到宝玉，就
zhèyàng hánhèn qùshì le.
这样含恨去世了。

Bǎoyù qǔle Bǎochāi, wánchéngle chōngxǐ de hūnlǐ,
宝玉娶了宝钗，完成了冲喜的婚礼，

① 死去活来 (suffering great pain, grief, or hardship) hovering between life and death e.g. 全家靠他一个人打工挣钱，他每天累得死去活来。

kěshì tā de bìng què yuèláiyuè yánzhòng, lián zuò qǐlai dōu
可是他的病却越来越严重，连坐起来都

méiyǒu lìqi. Bǎoyù xīnli yìzhí xiǎng bù míngbai zìjǐ
没有力气。宝玉心里一直想不明白，自己

míngmíng shì yào qǔ Dàiyù, zěnme huì qǔle Bǎochāi ne?
明明是要娶黛玉，怎么会娶了宝钗呢?

Bǎoyù qiāoqiāowèn Xírén Lín mèimei de qíngkuàng, Xírén bù
宝玉悄悄问袭人林妹妹的情况，袭人不

gǎn zhíjiē gàosu Bǎoyù Lín Dàiyù yǐjing qùshì le, zhǐhǎo
敢直接告诉宝玉林黛玉已经去世了，只好

piàn tā shuō: "Lín gūniang bìngzhe ne!" Bǎoyù shuō: "Wǒ
骗他说："林姑娘病着呢!" 宝玉说："我

qù kànkan tā." Kěshì tā shēntǐ shízài tài xūruò, zěnme
去看看她。" 可是他身体实在太虚弱，怎么

yě qǐbulái. Bǎoyù kūzhe duì Xírén shuō: "Wǒ yào sǐ
也起不来。宝玉哭着对袭人说："我要死

le! Lín mèimei kěndìng yě yào sǐ le. Nǐ qù gàosu
了! 林妹妹肯定也要死了。你去告诉

lǎotàitai, bǎ wǒ hé Lín mèimei fàng zài yí gè fángjiān li,
老太太，把我和林妹妹放在一个房间里，

shěngde wǒmen sǐle máfan." Bǎochāi zhènghǎo jìnlai,
省得我们死了麻烦。" 宝钗正好进来，

tīngdàole Bǎoyù shuō de huà, jiù duì Bǎoyù shuō: "Shíhuà
听到了宝玉说的话，就对宝玉说："实话

gàosu nǐ, liǎng tiān qián, wǒmen chéngqīn de shíhou, Lín
告诉你，两天前，我们成亲的时候，林

mèimei jiù yǐjing qùshì le." Bǎoyù tīngle wǔléi-hōngdǐng,
妹妹就已经去世了。" 宝玉听了五雷轰顶，

yíxiàzi yūnle guòqu. Zhòngrén dōu zébèi Bǎochāi, shuō
一下子晕了过去。众人都责备宝钗，说

tā bù yīnggāi bǎ Lín Dàiyù qùshì de shìqing gàosu Bǎoyù.
她不应该把林黛玉去世的事情告诉宝玉。

Yuánlái Bǎochāi zhīdao Bǎoyù de bìng shì yīnwèi Dàiyù dé
原来宝钗知道宝玉的病是因为黛玉得

de, rúguǒ bú gàosu tā Dàiyù qùshì de shìqing, tā shì
的，如果不告诉他黛玉去世的事情，他是

búhuì hǎo de. Bǎoyù mànmàn xǐngle guòlai, zhòngrén gǎnjǐn
不会好的。宝玉慢慢醒了过来，众人赶紧

ràng dàifu lái kàn. Dàifu kànle hòu shuō Bǎoyù yǐjīng
让大夫来看。大夫看了后说宝玉已经

hǎozhuǎn le, yúshì dàjiā dōu shuō zhè shì jīnyù-liángyuán
好转了，于是大家都说这是金玉良缘

chōngxǐ de xiàoguǒ a!
冲喜的效果啊!

Bǎoyù de bìng mànmàn hǎo qǐlai, fēiyào qù Xiāoxiāng
宝玉的病慢慢好起来，非要去潇湘

Guǎn kū Lín mèimei. Jiǎ mǔ bú ràng qù, pà tā tài shāngxīn,
馆哭林妹妹。贾母不让去，怕他太伤心，

dàifu shuō Bǎoyù qùle kěnéng huì hǎo de kuài xiē, Jiǎ mǔ zhè
大夫说宝玉去了可能会好得快些，贾母这

cái tóngyì.
才同意。

Bǎoyù yí dào Xiāoxiāng Guǎn jiù kū de sǐqù-huólái.
宝玉一到潇湘馆就哭得死去活来。

Jiǎ mǔ děng rén kàndào Dàiyù de guāncai, yě dōu kūle
贾母等人看到黛玉的棺材，也都哭了

qǐlai. Zǐjuān bǎ Dàiyù shāo shǒupà hé shīgǎo de shì
起来。紫鹃把黛玉烧手帕和诗稿的事

gàosule Bǎoyù. Bǎoyù juéde zìjǐ gūfùle Dàiyù
告诉了宝玉。宝玉觉得自己辜负①了黛玉

de yí piàn zhēnqíng, duìbuqǐ Dàiyù, yuè kū yuè lìhai,
的一片真情，对不起黛玉，越哭越厉害，

zuìhòu kūbuchū shēngyīn le. Dàjiā dōu lái quàn Bǎoyù
最后哭不出声音了。大家都来劝宝玉

ānwèi Bǎoyù. Hòulái, Jiǎ mǔ ràng Bǎoyù huíqu, Bǎoyù
安慰宝玉。后来，贾母让宝玉回去，宝玉

zhǐhǎo líkāile Xiāoxiāng Guǎn.
只好离开了潇湘馆。

① 辜负 v. let down; fail
to live up to
e.g. 你不要辜负我们对
你的期望。

一、词语注释 Notes

1. 李纨 Li Wan

贾宝玉哥哥贾珠的妻子。贾珠去世很早，李纨专心培养儿子贾兰。

Wife of Jia Zhu, Baoyu's brother. Jia Zhu dies at a young age. Li Wan devotes the rest of her life to bringing up her son Jia Lan.

2. 喜床 wedding bed

结婚时为新婚夫妻准备的床。通常喜床上罩着红床单，床单上放着红枣、板栗、花生、桂圆等干果，用来祝福新婚夫妇早生儿子。这些干果的名字谐音是：枣栗子——早立子，即早生儿子；花生——既要生男孩儿也要生女孩儿；桂圆——谐音富贵圆满，寓意婚姻幸福。

The bed prepared for the newly married couple. It is usually covered in red cloth with red dates, chestnuts, peanuts, and longans. These items express best wishes for the couple to have a happy married life and to have babies soon. The names of the fruits — dates (枣, zǎo) and chestnuts (栗子, lìzi) — are homophones in pronunciation with 早立子 (zǎo lì zǐ), meaning to have a son early; peanuts (花生, huāshēng) — to give birth (生, shēng) to girls (花, huā, flowers) as well as boys; and longans in Chinese is called 桂圆 (guìyuán), the homophones of 富贵 (fùguì, wealthy) and 圆满 (yuánmǎn, satisfactory and complete), which implies a happy marriage.

3. 红盖头 red veil

新娘出嫁时头上盖着的红布。在中国的传统习俗中，婚姻大事由父母决定，新婚夫妇互不认识，新郎在婚前从没有见过新娘的脸。在结婚的当天，新娘头上盖着一块红布。婚礼结束后，新娘坐在新房中耐心等待她的新婚丈夫将她头上的红盖头揭开。

Used to cover the head of the bride during the wedding ceremony. Traditionally in China, marriage was arranged by parents, so it was very likely that newlyweds would not know each other. The bridegroom would have never seen the bride's face before being married. On the wedding day, the bride would wear a red veil to cover her face and wait patiently in the nuptial chamber for her new husband to take the veil away after the wedding ceremony was over.

4. 安神香 soothing incense

一种使心神安定的香，点燃后其气味有帮助睡眠的效果。

Incense that relieves uneasiness of body and mind and soothes the nerves. When it is lit, the fragrance helps one sleep.

二、思考题 Reading Comprehension Questions

1. 黛玉临死之前，紫鹃为什么找不到宝玉？
2. 紫鹃请了谁来一起照料黛玉？
3. 凤姐为什么要请紫鹃去参加宝玉的婚礼？
4. 宝玉病好以后，他的情况怎么样？

十八、查抄^①宁国府

Shíbā, cháchāo Nínguó Fǔ

① 查抄 *v.* confiscate the property (of a family)

e.g. 执法人员查抄了三家非法经营的店铺。

Guide to reading:

One day, the Jia family is surprised to see a group of soldiers led by officials from the imperial court. The emperor has ordered the search of Jia family. The search produces evidence of illegal usurious loan receipts as well as some articles that are forbidden for use by anyone besides the royal family. The incident that triggers the search is an accusation against Jia Zhen (贾珍) of seducing young men from old and well-known families into gambling, and taking good wives and daughters from ordinary families to be his concubines. He is even accused of abusing one of them to the point of death. Wang Xifeng (王熙凤) is the one who lends the usurious loans to make quick money in secret. With all the evidence against them, there seems no way to save the Jia family and the whole family is devastated. Considering the recent death of Consort Yuan (元妃), the imperial concubine and daughter of Jia Zheng (贾政), the emperor decides to mitigate the punishment of the Jia family. As a result of this incident, Grandma Jia (贾母) dies and Wang Xifeng falls seriously ill. Seeing that the family is on the decline and that no masters are capable of controlling the situation, servants working for the family run away one after another with stolen money. The once prosperous Jia family enters into its declining years.

故事正文 Story

Yuánfēi zài sìshísān suì shí tūrán shēngbìng qùshì Jiǎ
元妃在四十三岁时突然生病去世，贾

jiā méiyǒule kàoshān, kāishǐ zǒu xiàpōlù le.
家没有了靠山，开始走下坡路了。

Yǒu yì tiān, Jiǎ Zhèng zài jiā zhōng yànqǐng
有一天，贾政在家中宴请

qīnpéng-hǎoyǒu, hūrán cháotíng guānyuán① Zhào lǎoye hé
亲朋好友，忽然朝廷官员①赵老爷和

Xīpíngwáng dàilǐng shìbīng láidào Jiǎ Fǔ, Jiǎ Zhèng jímáng
西平王带领士兵来到贾府，贾政急忙

chūmén yíngjiē. Xīpíngwáng duì Jiǎ Zhèng shuō: "Wǒ shì lái
出门迎接。西平王对贾政说："我是来

xuānbù huángdì shèngzhǐ de." Jiēzhe, Xīpíngwáng mìnglìng
宣布皇帝圣旨[1]的。"接着，西平王命令

Jiǎ Fǔ de kèrén dōu líkāi, Jiǎ jiā de rén liúxià, hái ràng
贾府的客人都离开，贾家的人留下，还让

shìbīng kānzhù Jiǎ Fǔ de gè gè dàmén.
士兵看住贾府的各个大门。

Ānpái wán zhèxiē shìqing, Xīpíngwáng xuāndú huángdì de
安排完这些事情，西平王宣读皇帝的

shèngzhǐ: "Jiǎ Shè shōuqǔ huìlù②, qīfu bǎixìng, juédìng
圣旨："贾赦收取贿赂②，欺负百姓，决定

miǎnqù③ tā de guānzhí." Dúwán shèngzhǐ, shìbīngmen
免去③他的官职。"读完圣旨，士兵们

shàngqián bǎ Jiǎ Shè zhuāle qǐlai, jiēzhe fēntóu cháchāo
上前把贾赦抓了起来，接着分头查抄

Róngguó Fǔ hé Níngguó Fǔ. Bùyíhuìr, shìbīng lái bàogào
荣国府和宁国府。不一会儿，士兵来报告

shuō: "Zài Jiǎ Fǔ cháchūle huánggōng yòngpǐn, hái yǒu yídà
说："在贾府查出了皇宫用品，还有一大

duī fàng gāolìdài de jièjù." Dùnshí, Jiǎ Fǔ shàngxià
堆放高利贷④的借据⑤。"顿时，贾府上下

① 官员 *n.* official; officer
e.g. 政府官员必须依法办事。

② 贿赂 *n.* bribe
e.g. 收受贿赂是犯罪。

③ 免去 *v.* remove
e.g. 他被免去了教授的职务。

④ 高利贷 *n.* shark loan
e.g. 放高利贷者的行为极不道德。

⑤ 借据 *n.* receipt for a loan
e.g. 借据上写的是三个月内还钱。

dà luàn， rénxīn-huánghuáng .
大 乱， 人 心 惶 惶①。

Jiǎ jiā zhèngzài zháojí de shíhou， yǔ Jiǎ jiā guānxì hěn
贾家 正在 着急的 时候， 与 贾家 关系 很

hǎo de Běijìngwáng dào le . Yuánlái Běijìngwáng dédàole Jiǎ
好的 北静王 到了。 原来 北静王 得到了 贾

Fǔ bèi cháchāo de xiāoxi， hàipà cháchāo de shìbīng duì Jiǎ Fǔ
府被 查抄的 消息， 害怕 查抄的 士兵 对 贾府

búlì ， tèyì gǎnlái kànkan. Běijìngwáng gāng lái jiù
不利②， 特意 赶来 看看。 北静王 刚 来就

tīngshuō Jiǎ Fǔ cháchūle huánggōng yòngpǐn hé gāolìdài
听说 贾府 查出了 皇 宫 用品 和 高利贷

jièjù ， xīn xiǎng zhèxià shìqing máfan le . Dàn tā háishi
借据， 心 想 这下 事情 麻烦 了。 但 他 还是

ānwèi Jiǎ Zhèng shuō：" Huánggōng yòngpǐn jiù shuō shì zhǔnbèi
安慰贾 政 说:" 皇 宫 用品 就说 是 准备

sòng gěi Yuánfēi niángniang zài gōng li yòng de . Gāolìdài
送 给 元妃 娘 娘 在 宫 里用 的。 高利贷

jièjù jiù bùhǎo jiěshì le . Xiànzài xiān qǐng jiāochū Jiǎ Shè de
借据就 不好 解释 了。 现在 先 请 交出 贾赦的

quánbù jiāchǎn ， búyào yǐnmán， zhèyàng， shuōbudìng Jiǎ
全部家产③， 不要 隐瞒④， 这样， 说不定 贾

Shè néng miǎnqù sǐzuì ." Jiǎ Zhèng máng huídá：" Yíqiè
赦 能 免去 死罪。" 贾 政 忙 回答:" 一切

tīngcóngwángye de ānpái ."
听从王爷的 安排。"

Xīpíngwáng zài xuāndú huángdì shèngzhǐ de shíhou，
西平王 在 宣读 皇帝 圣旨 的 时候，

Bǎoyù、 Wáng fūrén、 Fèngjiě děng dōu zài hòuyuàn péi Jiǎ mǔ
宝玉、 王夫人、 凤姐 等 都 在 后院 陪 贾母

chī fàn. Tūrán， Xíng fūrén nàbiān de rén pǎo guòlai shuō：
吃饭。 突然， 邢 夫人 那边 的 人 跑 过来 说:

" Jiā li lái qiángdào le ！" Píng'er pīsanzhe tóufa，
"家里来 强 盗⑤了！" 平儿 披散着 头发，

---

① 人心惶惶 popular
disquiet; popular anxiety
e.g. 假消息闹得市民人
心惶惶。
② 不利 *adj.* unfavourable;
disadvantageous
e.g. 现在的局面对我们
很不利。
③ 家产 *n.* family proper-
ty or fortune
e.g. 家产都被他败光了。
④ 隐瞒 *v.* hide; conceal
e.g. 他隐瞒了离婚的经
历。
⑤ 强盗 *n.* robber; bandit
e.g. 强盗被抓进了监狱。

拉着巧姐哭着来找贾母，说："外面有人来抄家了。" 王夫人、邢夫人都慌了，凤姐心想自己放高利贷的事情肯定瞒不住，吓得两眼发黑，一头倒在地上，晕了过去。贾母泪流满面，说不出话来了。

贾琏跑到后院安慰众人，说："北静王来帮咱们了，大家不要慌！"

贾琏回到前院，听到两位王爷问贾政："这些高利贷借据是从哪里来的？到底是谁在放高利贷？" 贾政说："我没有管理家中事务，所有家中事情都是我的侄子贾琏在管理。" 因为高利贷借据是从贾琏房中搜出的，贾琏不想连累叔叔贾政，就承认高利贷借据是他的。北静王和西平王于是让人带走贾琏，留下几个士兵看守贾府，然后就离开了。

贾政回到后院拜见贾母。奄奄一息[1]

① 奄奄一息 at one's last gasp
e.g. 他好几天没吃饭喝水了，奄奄一息。

de Jiǎ mǔ kànjiàn érzi méishìr, jiù kūle qǐlai. Jiǎ
的贾母看见儿子没事儿，就哭了起来。贾

Zhèng zàisān ānwèi zìjǐ de mǔqin. Fèngjiě dǎo zài
政 再三安慰自己的母亲。凤姐倒在

chuáng shang yìzhí méi xǐng, Píng'er zhàn zài pángbiān bùtíng
床 上 一直没醒，平儿站在旁边不停

de kū. Xíng fūrén gèngshì shāngxīn, zhàngfu hé érzi dōu
地哭。邢夫人更是伤心，丈夫和儿子都

bèi zhuā le, xífu Wáng Xīfèng shēngbìng, jiā li de quánbù
被抓了，媳妇王熙凤生病，家里的全部

cáichǎn bèi cháchāo le, fángzi yě méi le, zhè rìzi kě
财产被查抄了，房子也没了，这日子可

zěnme guò? Xíng fūrén kū de sǐqù-huólái, zhòngrén yìzhí
怎么过？邢夫人哭得死去活来，众人一直

zài pángbiān ānwèi.
在旁边安慰。

　　Yóuyú Yuánfēi qùshì bùjiǔ, huángshang bù rěnxīn
　　由于元妃去世不久，皇 上 不忍心

zhòngzhòng chǔfá Jiǎ jiā. Hòulái, huángshang yòu xiàle
重 重 处罚①贾家。后来，皇 上 又下了

shèngzhǐ, huīfùle Jiǎ Zhèng yuánlái de guānzhí. Jiǎ Liǎn
圣旨，恢复了贾 政 原来的官职。贾 琏

miǎnqù guānzhí, shìfàng huí jiā, suǒyǒu gāolìdài jièjù
免去官职，释放②回家，所有高利贷借据

shàngjiǎo guókù. Jiǎ Zhèng xīnzhōng shífēn bēitòng,
上 缴③国库④。贾 政 心 中 十分悲痛⑤，

zìjǐ cónglái bù guānxīn Jiǎ Fǔ de shìwù, méi xiǎngdào Jiǎ
自己从来不关心贾府的事务，没 想到贾

jiā zhèxiē nián shēnghuó shēhuá làngfèi, zhuàn de qián shǎo,
家这些年 生活奢华浪费，赚的钱少，

huā de qián duō, kànlái jiāyè pòbài shì zǎowǎn de shìqing le.
花的钱多，看来家业破败是早晚的事情了。

　　Yòu guòle jǐ tiān, huángshang xiàzhǐ, bǎ Jiǎ Shè
　　又过了几天，皇 上 下旨，把贾赦

---

① 处罚 v. punish; penalize
e.g. 我们要对违法行为
进行处罚。
② 释放 v. be exempt from
punishment and set free
e.g. 绑匪同意释放人质。
③ 上缴 v. turn over (reve-
nues, etc.) to
e.g. 罚款全部上缴财政。
④ 国库 n. the national
treasury
e.g. 连年战争使得国库
空虚。
⑤ 悲痛 adj. grieved; sorr-
owful
e.g. 母亲去世了，她悲
痛欲绝。

liúfàng   dào biānjiāng .   Púrénmen kàndào Jiǎ jiā yǐjīng
流放①到边疆②。仆人们看到贾家已经

méiyǒu qiáncái,   dōu fēnfēn tōule qián táopǎo le .
没有钱财，都纷纷偷了钱逃跑了。

　　Jiā li hái yǒu zhème duō rén yào shēnghuó,   Jiǎ Zhèng yí
家里还有这么多人要生活，贾政一

gè rén shízai méiyǒu bànfǎ .   Jiǎ mǔ náchū   zìjǐ   yíbèizi
个人实在没有办法。贾母拿出自己一辈子

de   jīxù   fēn gěile zhòngrén .   Kěshì zhèxiē rén píngshí dōu
的积蓄③分给了众人。可是这些人平时都

xíguànle shēchǐ de shēnghuó,   xiànzài yào shěngchī-jiǎnyòng ,
习惯了奢侈的生活，现在要省吃俭用④，

yìshí hěn bú shìyìng .   Hòulái,   Jiǎ Zhèng hé Wáng fūrén cái
一时很不适应。后来，贾政和王夫人才

zhīdao,   gāolìdài shì Fèngjiě fàng de,   shì Jiǎ Liǎn tì Fèngjiě
知道，高利贷是凤姐放的，是贾琏替凤姐

dǐngxiàle zuìmíng .
顶下了罪名⑤。

　　Jiǎ mǔ de shēntǐ yì tiān bǐ yì tiān chà,   yǒu yì tiān,
贾母的身体一天比一天差，有一天，

tā lāzhe Bǎoyù de shǒu jiāodài wán hòushì jiù xiàozhe qùshì
她拉着宝玉的手交代完后事就笑着去世

le .   Wèile ānpái Jiǎ mǔ de sāngshì,   Fèngjiě bàobìng kǔkǔ
了。为了安排贾母的丧事，凤姐抱病苦苦

zhīchēng .   Yīnwèi méiyǒu qián,   yāhuan hé púrén dōu bú
支撑。因为没有钱，丫环和仆人都不

shàngxīn .   Bànwán Jiǎ mǔ de sāngshì,   Fèngjiě de bìng yuèláiyuè
上心。办完贾母的丧事，凤姐的病越来越

zhòng,   chángcháng tùxiě .   Tā xīnli xiǎng,   zìjǐ kǒngpà
重，常常吐血。她心里想，自己恐怕

yě huóbuliǎo duō cháng shíjiān le .
也活不了多长时间了。

① 流放 v. banish

e.g. 流放生活让他身体

越来越差。

② 边疆 n. border area

e.g. 战士保卫着祖国的

边疆。

③ 积蓄 n. savings

e.g. 为了买房子，父母

把多年的积蓄拿出来给

了他。

④ 省吃俭用 save money

on food and expenses;

live frugally

e.g. 她省吃俭用供三个

孩子上大学。

⑤ 罪名 n. charge;

accusation

e.g. 他的罪名是故意杀

人。

思考题 Reading Comprehension Questions

1. 皇帝为什么下旨查抄贾府?
2. 贾府家被查抄的时候，是谁来帮助他们的?
3. 皇帝后来为什么处罚贾赦?
4. 是谁放的高利贷? 皇帝为什么没有处罚贾琏?

十九、凤姐的结局①

Shíjiǔ, Fèngjiě de jiéjú

① 结局 *n.* final result; ending

e.g. 故事的结局是圆满的。

Guide to reading:

Wang Xifeng (王 熙 凤) has to prepare for the funeral of Grandma Jia (贾 母) when there is hardly enough money left to run the household after the search by the imperial guards. The servants become restless and do not obey her orders. And to add hail to snow, burglars come and take the rest of the money while most people living in the Jia mansions were defenseless ladies. When Wang Xifeng starts having frequent nightmares of the people whose death has something to do with her wrongdoings, she comes to realise that there is not much time left for her to live. Worried about the future of her daughter, Qiaojie (巧姐), she calls for Granny Liu (刘姥姥) and entrusts Qiaojie to her care. Later, Wang Xifeng dies. Her husband Jia Lian (贾 琏) has no money to bury her, and has to run around borrowing money to put her into her final resting place. Wang Xifeng, a glamorous lady in the Jia family's prime, dies a gloomy death in the end. With the help of Granny Liu, Qiaojie marries into a well-to-do family and lives a reasonably good life.

故事正文 Story

Fèngjiě dàibìng ānpái Jiǎ mǔ de sāngshì, qián búgòu,
凤姐带病安排贾母的丧事，钱不够，
púrén yòu bù tīng shǐhuan, měi tiān yòu lèi yòu qì, chángcháng
仆人又不听使唤，每天又累又气，常常
tùxiě fāyūn.
吐血发晕。

Jiǎ Fǔ bèi chāojiā hòu, zhòngrén de rìzi yuèláiyuè
贾府被抄家后，众人的日子越来越
nánguò. Yì huǒ qiángdào tīngshuō Jiǎ Fǔ jiā zhōng zhǐyǒu
难过。一伙强盗听说贾府家中只有
nǚrén, yúshì zài wǎnshang tōutōu jìnle Jiǎ Fǔ hòuyuàn,
女人，于是在晚上偷偷进了贾府后院，
tōuzǒule dàliàng qiáncái. Jiǎ Fǔ běnlái jiù méiyǒu duōshao
偷走了大量钱财。贾府本来就没有多少
qiáncái le, xiànzài gèng qióng le, rìzi yě méifǎr
钱财了，现在更穷了，日子也没法儿
guò le.
过了。

Jiāzhōng de qiáncái bèi qiángdào tōu le, hái yào bànlǐ
家中的钱财被强盗偷了，还要办理
lǎotàitai de sāngshì, Fèngjiě bìngqíng gèngjiā yánzhòng le,
老太太的丧事，凤姐病情更加严重了，
gēnběn méiyǒu lìqi xià chuáng, zhǐhǎo tǎng zài chuáng shang.
根本没有力气下床，只好躺在床上。
Bìng zhòng de Fèngjiě yí shuìzháo jiù zuò èmèng. Zài mèng
病重的凤姐一睡着就做噩梦①。在梦
zhōng, Yóu Èrjiě biànchéngle nǚguǐ, èhěnhěn de duì
中，尤二姐变成了女鬼，恶狠狠②地对
Fèngjiě shuō: "Dōu shì nǐ hàisǐle wǒ, xiànzài wǒ jiù qù gēn
凤姐说："都是你害死了我，现在我就去跟
yánwang shuō, ràng nǐ xiàlai péi wǒ." Fèngjiě jiānjiàozhe
阎王[1]说，让你下来陪我。"凤姐尖叫③着

① 噩梦 *n.* nightmare
e.g. 昨晚我做了一个噩梦。
② 恶狠狠 *adj.* venomous; fierce
e.g. 他恶狠狠地盯着我不说话。
③ 尖叫 *v.* shriek; scream
e.g. 有人在尖叫，你听见了吗？

cóng èmèng zhōng xǐnglái , xīn xiǎng , zhè kěndìng shì sǐqù de
从 噩梦 中 醒来，心 想，这 肯定 是 死去 的

Yóu Èrjiě lái zhǎo tā chángmìng le . Píng'er tīngjiàn Fèngjiě
尤二姐 来 找 她 偿 命 ① 了。平儿 听见 凤姐

de jiānjiào shēng , liánmáng gǎn guòlai ānwèi tā . Fèngjiě
的 尖叫 声，连忙 赶 过来 安慰 她。凤姐

yǐwéi shì Yóu Èrjiě lái le , xià de zhí wǎng chuáng li duǒ ,
以为 是 尤二姐 来 了，吓得 直 往 床 里 躲，

kǒu zhōng hái jiàozhe : " Wǒ qiúqiu nǐ , wǒ gěi nǐ kētóu le ,
口 中 还 叫着："我 求求 你，我 给 你 磕头 了，

nǐ bié lái zhǎo wǒ , bié lái zhǎo wǒ . "
你 别 来 找 我，别 来 找 我。"

Fèngjiě zhētengle yízhènr , méiyǒule lìqi , yòu
凤姐 折腾 了 一阵儿，没有 了 力气，又

tǎnghuí chuáng shang . Fèngjiě rén suīrán tǎng zài chuáng shang ,
躺回 床 上。凤姐 人 虽然 躺 在 床 上，

kěshì gēnběn bùgǎn bìshàng yǎnjing . Yí bìshàng yǎnjing , jiù
可是 根本 不敢 闭上 眼睛。一 闭上 眼睛，就

kànjiàn bèi zìjǐ hàisǐ de rén de guǐhún . Zhèxiē guǐhún dōu
看见 被 自己 害死 的 人 的 鬼魂。这些 鬼魂 都

kūhǎnzhe yào Fèngjiě chángmìng . Fèngjiě zhīdao zìjǐ kuài yào
哭喊着 要 凤姐 偿 命。凤姐 知道 自己 快要

sǐ le , kěshì xīnli fàngxīn búxià zìjǐ de nǚ'ér Qiǎojiě ,
死了，可是 心里 放心 不下 自己 的 女儿 巧姐 [2]，

yòu méiyǒu lìqi dà kū yì chǎng , zhǐ néng ànzì liúlèi .
又 没有 力气 大哭 一 场，只 能 暗自 流泪。

Fèngjiě huíxiǎng zìjǐ de yìshēng , xiǎngdào zìjǐ
凤姐 回想 自己 的 一生，想 到 自己

yíbèizi dōu zài fèijìn xīnsi zhèngqián , kěshì dàotóu lái
一辈子 都 在 费尽 心思 挣 钱，可是 到头来

shénme yě méiyǒu shèngxià . Yuánlái nàxiē rén wèile qiáncái
什么 也 没有 剩下。原来 那些 人 为了 钱财

dōu lái tǎohǎo zìjǐ , xiànzài Jiǎ Fǔ chūshìr le , zhèxiē
都 来 讨好 自己，现在 贾府 出事儿 了，这些

① 偿命 v. pay with one's life
e.g. 杀人偿命，欠债还钱。

rén yě dōu pǎo le . Fèngjiě yìbiān xiǎng yìbiān kū , kūzhe
人也都跑了。凤姐一边想一边哭，哭着

kūzhe jiù shuìzháo le .
哭着就睡着了。

Xiāngxia de Liú lǎolao tīngshuō Jiǎ mǔ qùshì le , zài jiā
乡下的刘姥姥听说贾母去世了，在家

li dà kūle yì cháng , dì-èr tiān jiù láidào Jiǎ Fǔ kànwàng
里大哭了一场，第二天就来到贾府看望

Jiǎ jiā de rén . Liú lǎolao kànjiàn Fèngjiě tǎng zài chuáng shang ,
贾家的人。刘姥姥看见凤姐躺在床上，

bìng de gǔshòu-rúchái , xīn zhōng hěn nánguò . Liú lǎolao shuō
病得骨瘦如柴①，心中很难过。刘姥姥说

Jiǎ Fǔ yǐqián gěile tā jiā hěn duō bāngzhù , jiā li de
贾府以前给了她家很多帮助，家里的

shēnghuó bǐ yǐqián hǎo duō le . Fèngjiě xiǎngdào yǐqián lái
生活比以前好多了。凤姐想到以前来

tǎohǎo Jiǎ Fǔ de rén dōu bù lái le , zhǐyǒu Liú lǎolao
讨好贾府的人都不来了，只有刘姥姥

yǒuqíng-yǒuyì② , zài zuì kùnnan de shíhou hái lái tànwàng .
有情有义②，在最困难的时候还来探望。

Fèngjiě běnlái xīnli wànfēn tòngkǔ , dànshì Liú lǎolao lái le ,
凤姐本来心里万分痛苦，但是刘姥姥来了，

zài tā shēnbiān qídǎo , Fèngjiě juéde xīnli shāoshāo āndìng
在她身边祈祷，凤姐觉得心里稍稍安定

xiàlai .
下来。

Liú lǎolao shuō xiāngxia de púsa zuì líng le . Fèngjiě
刘姥姥说乡下的菩萨③最灵④了。凤姐

hǎoxiàng yòu kàndàole huó xiàqu de xīwàng , liánmáng cóng shǒu
好像又看到了活下去的希望，连忙从手

shang qǔxiàle yí gè jīn shǒuzhuó , fàngdào Liú lǎolao de shǒu
上取下了一个金手镯，放到刘姥姥的手

li , qǐngqiú Liú lǎolao yídìng yào qù púsa nàli bāng tā
里，请求刘姥姥一定要去菩萨那里帮她

① 骨瘦如柴 as thin as a dried branch, describing that Wang Xifeng looks like a skeleton
e.g. 模特看上去都骨瘦如柴。
② 有情有义 having affection and faith; true and loyal
e.g. 他是一个有情有义的人。
③ 菩萨 n. Bodhisattva
e.g. 菩萨保佑善良的人。
④ 灵 adj. efficacious; making sth. come true
e.g. 看到流星后愿望就会实现，很灵的。

qídǎo. Liú lǎolao méiyǒu yào jǐn zhuózi, shuō: "Wǒ xiān
祈祷。刘姥姥没有要金镯子，说："我先
huíqu wèi nǐ qídǎo, děng nǐ de bìng hǎo le, nǐ zìjǐ
回去为你祈祷，等你的病好了，你自己
qù huāqián." Fèngjiě xīnli fàngbuxià nǚ'ér Qiǎojiě, bǎ
去花钱。"凤姐心里放不下女儿巧姐，把
Qiǎojiě tuōfù① gěi Liú lǎolao, qǐng Liú lǎolao bāngmáng
巧姐托付①给刘姥姥，请刘姥姥帮忙
zhàogù, Liú lǎolao dāying le.
照顾，刘姥姥答应了。

Liú lǎolao zǒuhòu, Wáng Xīfèng de bìng yòu yánzhòng
刘姥姥走后，王熙凤的病又严重
qǐlai, bùyíhuìr jiù qùshì le. Bǎochāi hé Bǎoyù
起来，不一会儿就去世了。宝钗和宝玉
tīngshuō Fèngjiě qùshì le, liánmáng gǎnlái. Liǎng rén kàndào
听说凤姐去世了，连忙赶来。两人看到
shēngqián piàoliang nénggàn de Fèngjiě xiànzài jiù zhème sǐ le,
生前漂亮能干的凤姐现在就这么死了，
dōu kū de sǐqù-huólái. Qiǎojiě shīqùle mǔqin, dà kū
都哭得死去活来。巧姐失去了母亲，大哭
qǐlai. Jiǎ Liǎn xiǎngxiang zìjǐ de qīzi zhème niánqīng jiù
起来。贾琏想想自己的妻子这么年轻就
qùshì le, yě shífēn shāngxīn. jiā li méi qián gěi Fèngjiě bàn
去世了，也十分伤心。家里没钱给凤姐办
sāngshì, Jiǎ Liǎn zhǐ néng dàochù jiè qián.
丧事，贾琏只能到处借钱。

Dì-èr tiān, Jiǎ Liǎn qǐngle Fèngjiě de gēge Wáng Rén
第二天，贾琏请了凤姐的哥哥王仁
guòlai. Wáng Rén shì gè wàng'ēn-fùyì de xiǎorén, yǐqián
过来。王仁是个忘恩负义②的小人，以前
cóng Fèngjiě nàli déle bùshǎo hǎochu. Xiànzài Fèngjiě qùshì
从凤姐那里得了不少好处。现在凤姐去世
le, tā yì liǎng yínzi yě bù ná, hái zébèi Qiǎojiě
了，他一两银子也不拿，还责备巧姐

① 托付 v. entrust sb. to take care of
e.g. 他是一个可以托付终身的人。
② 忘恩负义 have no feeling of gratitude; ungrateful
e.g. 做人不能忘恩负义。

shěbude ná zìjǐ de jiàzhuang chūlai yòng. Qiǎojiě de
舍不得拿自己的嫁妆①出来用。巧姐的

jiàzhuang zǎojiù jiào Jiǎ Liǎn náqù yòng le, kěshì dāngzhe
嫁妆早就叫贾琏拿去用了，可是当着

fùqin de miàn, Qiǎojiě yòu bù hǎoyìsi shuōpò, zhǐhǎo
父亲的面，巧姐又不好意思说破，只好

mòmò bù shuōhuà. Qiǎojiě xiǎngdào zìjǐ de mǔqin shēngqián
默默不说话。巧姐想到自己的母亲生前

shì nàyàng de fēngguāng, sǐhòu què luò de zhèyàng kělián
是那样的风光②，死后却落得这样可怜

de jiéjú, yìzhí mòmò liúlèi.
的结局，一直默默流泪。

Fèngjiě de shītǐ tíngle jǐshí tiān cái ānzàng. Fèngjiě
凤姐的尸体停了几十天才安葬。凤姐

cōngmíng yíbèizi, nǎ zhīdao zìjǐ de xiàchǎng zhèyàng
聪明一辈子，哪知道自己的下场这样

bēicǎn, zhèngshì "jīguān suànjìn tài cōngmíng, fǎn wùle
悲惨③，正是"机关算尽太聪明，反误了

qīngqīng xìngmìng". Hòulái Qiǎojiě chà diǎnr bèi Wáng Rén
卿卿性命[3]"。后来巧姐差点儿被王仁

hé Jiǎ Huán děng rén màidiào, duōkuīle Liú lǎolao hé Píng'er
和贾环等人卖掉，多亏了刘姥姥和平儿

jiāng tā jiùchū. Zài Liú lǎolao de bāngzhù xià, zuìhòu Qiǎojiě
将她救出。在刘姥姥的帮助下，最后巧姐

jià gěile yí gè xìng Zhōu de bǐjiào fù de nóngmín,
嫁给了一个姓周的比较富的农民，

fēngyī-zúshí, suànshi yǒu yí gè hǎo de jiéjú.
丰衣足食，算是有一个好的结局。

① 嫁妆 *n.* dowry
e.g. 她的嫁妆十分丰厚。
② 风光 *adj.* ostentatious;
grand; impressive
e.g. 明星都是表面风光，
不用羡慕他们。
③ 悲惨 *adj.* miserable,
tragic
e.g. 她的命运实在是太
悲惨了。

一、词语注释 Notes

1. 阎王 Yama

阎王殿里地位最高的神仙，掌管人的生死和轮回。在中国古代的民间信仰里面，人死后要去阎王殿报到，接受阎王的审判，然后才能转世投胎。

The immortal with the highest rank in Yama's abode (similar to purgatory), takes charge of the cycle of a human being's life and death. A folk custom in ancient China has it that people will be sent to the nether world to be tried by Yama after death and will remain in Yama's abode until their reincarnation.

2. 巧姐 Qiaojie

贾琏和王熙凤的女儿。贾府败落后，她险些被舅舅王仁等人卖掉，幸被刘姥姥、平儿等人救出。

Daughter of Jia Lian and Wang Xifeng. With the fall of the Jia family, Qiaojie is almost sold by the lot including Wang Ren, her uncle. Fortunately, Granny Liu and Ping'er come to her rescue in time.

3. 机关算尽太聪明，反误了卿卿性命 Shrewd and cunning as she is, her scheming beckons her day of doom.

意思是要尽心眼自以为聪明，结果算来算去反而断送了自己的性命。王熙凤曾经用尽了诡计，结果最后除了毁灭什么也没有得到。她的一生正好印证了这句话。

These two lines are part of the lyrics that allude to Wang Xifeng's (王熙凤) life: too much cunning in plotting and scheming is the cause of her own undoing.

二、思考题 Reading Comprehension Questions

1. 王熙凤在病中梦见了谁？为什么？
2. 贾府败落之后，谁来看望王熙凤？
3. 巧姐后来的生活怎么样？

二十、宝玉出家

Èrshí, Bǎoyù chūjiā

Guide to reading:

After Wang Xifeng's (王 熙 凤) death, Baoyu (宝 玉) falls ill and becomes delirious again. A monk cures him with Baoyu's lost jade. In his half consciousness, Baoyu comes to understand his and Daiyu's previous lives as celestial beings and realises that his secular life is about to end. He becomes determined to become a monk so that he can leave the family for good after taking the provincial-level imperial civil exam. Baoyu's father, Jia Zheng (贾 政), escorts Grandma Jia's coffin to her ancestral home and has her buried there. On his way home when he is in an anchored boat writing a letter, he sees Baoyu, who has already become a monk. Baoyu makes four deep bows before him and leaves without a word. When Jia Zheng is back home, he tells his family about this brief encounter with Baoyu. Everyone listens to the news with a heavy heart. Fortunately, Baochai (宝钗) is already pregnant and there is a new hope for the Jia family.

故事正文 Story

Fèngjiě sǐle yǐhòu, bù zhīdao zěnme huíshì, Bǎoyù
凤姐死了以后，不知道怎么回事，宝玉
yě tūrán bìngdǎo le, zhěng tiān tǎng zài chuáng shang. Jiǎ Fǔ
也突然病倒了，整天躺在床上。贾府
zhòngrén liánmáng qù qǐngle dàifu, dàifu què shuō zhìbuliǎo,
众人连忙去请了大夫，大夫却说治不了，
yě búyòng chī yào le, zhǐ jiào gǎnjǐn zhǔnbèi hòushì ba!
也不用吃药了，只叫赶紧准备后事①吧！

Jiǎ Fǔ zhòngrén yòu zháojí yòu hàipà. Zhè shí Jiǎ Fǔ
贾府众人又着急又害怕。这时贾府
ménkǒu láile gè làitóu héshang, shǒuli názhe yí kuài yù,
门口来了个癞头和尚，手里拿着一块玉，
shuō zhè kuài yù shì Bǎoyù de mìnggēnzi, néng jiù Bǎoyù de
说这块玉是宝玉的命根子②，能救宝玉的
mìng, dànshì yào yíwàn liǎng yínzi cái néng huàn. Jiǎ Fǔ yòu
命，但是要一万两银子才能换。贾府又
bèi cháchāo yòu bèi tōudào, hái bànle jǐ cì sāngshì, nǎ li
被查抄又被偷盗，还办了几次丧事，哪里
hái yǒu yínzi. Jiǎ Zhèng pà shàngdàng, zhǐhǎo xiān qǐng
还有银子。贾政怕上当，只好先请
làitóu héshang jìnlai.
癞头和尚进来。

Làitóu héshang zǒudào Bǎoyù chuáng qián, zài Bǎoyù de
癞头和尚走到宝玉床前，在宝玉的
ěrbiān shuōdào:" Bǎoyù, Bǎoyù, nǐ de bǎoyù huílai
耳边说道："宝玉、宝玉，你的宝玉回来
le." Bǎoyù guǒrán zhēngkāile yǎnjing, hái nàozhe yào chī
了。"宝玉果然睁开了眼睛，还闹着要吃
fàn. Púrén gǎnjǐn gěi Bǎoyù duānlái yì wǎn fàn. Bǎoyù
饭。仆人赶紧给宝玉端来一碗饭。宝玉
chīle fàn, yǒule lìqi, jiù yào zuò qǐlai. Yí gè yāhuan
吃了饭，有了力气，就要坐起来。一个丫环

①后事 *n.* funeral affairs
e.g. 他写下遗嘱，向家人交代了后事。
②命根子 *n.* one's very life; lifeblood, the thing that one cherishes most in life
e.g. 这孩子是全家的命根子。

kàndào Bǎoyù hǎo le，　gāoxìng de shuō："Zhè kuài yù zhēn shì
看到宝玉好了，高兴地说："这块玉真是

gè hǎo dōngxi，　cái jiàn　yíhuìr　jiù hǎo le，　xìngkuī méiyǒu
个好东西，才见一会儿就好了，幸亏没有

bèi nǐ shuāihuài."　Bǎoyù tīngle，　liǎnsè　yíxiàzi biàn
被你摔坏。"宝玉听了，脸色①一下子变

le，　rēngxià yù，　dǎo zài chuáng shang，　yūnle guòqu.
了，扔下玉，倒在床上，晕了过去。

Zhòngrén kū de　sǐqù-huólái，　ér Bǎoyù què zài mèng
众人哭得死去活来，而宝玉却在梦

zhōng láidàole　yí zuò miào　li.　Bǎoyù　yùjiànle yí wèi
中来到了一座庙②里。宝玉遇见了一位

shénxian jiějie，　zài hé shénxian jiějie de jiāotán zhōng，　tā
神仙姐姐，在和神仙姐姐的交谈中，他

zhīdaole　zìjǐ　hé Lín mèimei qiánshì　de gùshi. Yuánlái
知道了自己和林妹妹前世[1]的故事。原来

qiánshì Lín mèimei shì Jiàngzhū Xiāncǎo，　zìjǐ　shì gěi xiāncǎo
前世林妹妹是绛珠仙草，自己是给仙草

jiāoshuǐ de Shényīng Shìzhě.　Lín mèimei shì　wèile bàodá　zìjǐ
浇水的神瑛侍者。林妹妹是为了报答自己

de ēnqíng cái láidào Jiǎ Fǔ，　hé　zìjǐ　rènshile　yì cháng.
的恩情才来到贾府，和自己认识了一场。

Bǎoyù zài mèng zhōng　yíhuìr　jiàndào zhè gè　jiějie，
宝玉在梦中一会儿见到这个姐姐，

yíhuìr　yòu jiàndào nà gè mèimei.　Tūrán，　yǒu yì qún
一会儿又见到那个妹妹。突然，有一群

nǚzǐ biànchéngle guǐguài，　yào bǎ　zìjǐ　gǎnzǒu. Bǎoyù
女子变成了鬼怪③，要把自己赶走。宝玉

xià de qǐngqiú ráomìng，　tūrán nà gè sòng yù de　làitóu
吓得请求饶命，突然那个送玉的癞头

héshang chūxiàn le，　shuō shì Yuánfēi niángniang mìnglìng　zìjǐ
和尚出现了，说是元妃娘娘命令自己

lái jiù tā de.　Làitóu héshang tūrán　tuīle Bǎoyù yíxià
来救他的。癞头和尚突然推了宝玉一下，

①脸色 *n.* facial expression; countenance
e.g. 你的脸色不好，怎么了？

②庙 *n.* temple
e.g. 和尚住在庙里。

③鬼怪 *n.* monster; devil spirits
e.g. 我不相信世界上有鬼怪。

Bǎoyù yíxiàzi xiàxǐng le, yuánlái shì gè mèng.
宝玉一下子吓醒了，原来是个梦。

Bǎoyù xǐng guòlai shí kàndào Wáng fūrén kū de
宝玉醒过来时看到王夫人哭得

sǐqù-huólái, nà héshang què yòu bújiàn le. Bǎochāi xīn
死去活来，那和尚却又不见了。宝钗心

xiǎng, zhè héshang gāi búhuì shì shénxian ba. Méi xiǎngdào
想，这和尚该不会是神仙吧。没想到

guòle yì tiān, nà héshang yòu lái le. Bǎoyù tīngshuō héshang
过了一天，那和尚又来了。宝玉听说和尚

láile jiù chūqu duì héshang shuō: "Shīfu, wǒ láichí
来了就出去对和尚说："师父①，我来迟

le." Làitóu héshang què shuō: "Bǎ yínzi gěi wǒ, wǒ jiù
了。"癞头和尚却说："把银子给我，我就

zǒu. Bǎoyù wèn tā mèng zhōng de shì, làitóu héshang shuō
走。"宝玉问他梦中的事，癞头和尚说

nà shì Bǎoyù de qiánshì. Bǎoyù hǎoxiàng shì bèi héshang
那是宝玉的前世。宝玉好像是被和尚

diǎnxǐng le, shuō: "Nǐ yě bú yòng yínzi, wǒ bǎ yù huán gěi
点醒了，说："你也不用银子，我把玉还给

nǐ. Héshang xiàozhe shuō: "Yě gāi huán gěi wǒ le."
你。"和尚笑着说："也该还给我了。"

Bǎoyù zǒuhuí wū nále yù jiù yào huán gěi héshang, Zǐjuān
宝玉走回屋拿了玉就要还给和尚，紫鹃、

Xírén xià de gǎnjǐn bàozhù Bǎoyù bú ràng huán.
袭人吓得赶紧抱住宝玉不让还。

Jiǎ Fǔ li Bǎochāi、 Wáng fūrén zháojí zhǎo qián mǎi yù,
贾府里宝钗、王夫人着急找钱买玉，

làitóu héshang què yòu bújiàn le. Bǎoyù shuō: "Yì zǐ
癞头和尚却又不见了。宝玉说："一子

chūjiā, qī zǔ shēngtiān." Wáng fūrén tīng le, fēicháng
出家，七祖升天[2]。"王夫人听了，非常

shāngxīn, dà kū qǐlai, Xīchūn nàozhe yào chūjiā, Bǎoyù
伤心，大哭起来，惜春闹着要出家，宝玉

①师父 n. (a polite
address to a Buddhist
monk or nun, master)
e.g. 师父的话，弟子不
敢不听。

yě shuō yào chūjiā，　zhè　rìzi　zěnme guò a！　Bǎoyù　yúshì
也 说 要 出 家，这 日子 怎么 过 啊！宝玉 于是

xiàozhe shuō："Wǒ shì kāi wánxiào de." Wáng　fūrén　zhǐzhù
笑 着 说："我是 开 玩笑 的。"王 夫 人 止 住

kūshēng，　shuō："Zhè zhǒng huà bù néng luàn shuō！"
哭 声，说："这 种 话 不 能 乱 说！"

Zài guò jǐ tiān jiù shì xiāngshì　le．Jiǎ Bǎoyù yào
再 过 几 天 就 是 乡 试[3] 了。贾 宝 玉 要

cānjiā kǎoshì，　tā de zhízi　Jiǎ Lán　yě yào cānjiā zhè cì
参 加 考 试，他 的 侄子① 贾兰[4] 也要 参加 这次

kǎoshì．　Qíshí Bǎoyù cónglái dōu shì tǎoyàn zuò guān de，
考 试。其实 宝玉 从来 都 是 讨厌 做 官 的，

suīrán tā zài jiā li　fùxí kǎoshì，　qíshí xīn gēnběn bú zài
虽然 他 在 家里 复习 考试，其实 心 根本 不 在

kǎoshì shàngmiàn．Bǎochāi kànchūle Bǎoyù de xīnsi，dàn
考 试 上 面。宝钗 看出 了 宝玉 的 心思，但

yìzhí méiyǒu shuōpò．
一 直 没 有 说 破。

Kǎoshì de qián yì tiān，Bǎochāi ānpái yāhuanmen gěi
考试 的 前 一 天，宝钗 安排 丫 环 们 给

Bǎoyù hé Jiǎ Lán shōushi hǎole kǎoshì yòng de dōngxi．Bǎoyù
宝玉 和 贾兰 收拾 好了 考试 用 的 东西。宝玉

gěi Wáng fūrén　kēle sān gè tóu，shuōdào："Mǔqin shēngle
给 王 夫人 磕了 三 个头，说道："母亲 生了

wǒ，　wǒ què méiyǒu shénme kěyǐ　bàodá nín de．Wǒ yídìng
我，我 却没有 什么 可以 报答 您的。我 一定

hǎohāo kǎoshì，　gěi nín kǎo gè jǔrén　，lái bàodá nín duì
好好 考试，给 您 考 个 举人[5]，来 报答 您 对

wǒ de téng'ài．" Wáng fūrén tīngle zhí liúlèi．
我的 疼爱。"王 夫 人 听了 直 流泪。

Bǎoyù yòu hé Bǎochāi gàobié，shuō de huà jù　jù xiàng
宝玉 又 和 宝钗 告别，说 的 话 句句 像

shì yào shēnglí-sǐbié　shìde．Zhòngrén hàipà　dānwule
是 要 生离死别② 似的。众 人 害怕 耽误 了

①侄子 n. nephew
e.g. 我的侄子今年三岁。
②生离死别 part; never
to meet again; part
forever
e.g. 他们两个人紧紧地
拥抱在了一起，好像生
离死别一样。

shíjiān, cuī Bǎoyù kuài zǒu, Bǎoyù dà xiàozhe duì zhòngrén
时间，催宝玉快走，宝玉大笑着对众人

shuō: "Zǒu le, zǒu le, búyòng húnào le, wánle shì
说："走了，走了，不用胡闹①了，完了事

le." Zhòngrén dōu xiàodào: "Kuài zǒu ba!" Zhǐyǒu
了。"众人都笑道："快走吧！"只有

Bǎochāi hé Wáng fūrén yǎnlèi zhǐbuzhù de wǎngxià diào.
宝钗和王夫人眼泪止不住地往下掉。

Bǎoyù dà xiàozhe chūmén zǒu le.
宝玉大笑着出门走了。

　　Kǎowán shì nà tiān, Wáng fūrén děngdài Bǎoyù、Jiǎ
　　考完试那天，王夫人等待宝玉、贾

Lán zǎodiǎn huílai. Kěshì děngdào zhōngwǔ, liǎng rén hái
兰早点回来。可是等到中午，两人还

méiyǒu huí jiā. Jiǎ Fǔ máng pài rén qù dǎting xiāoxi.
没有回家。贾府忙派人去打听消息。

Bàngwǎn de shíhou, Jiǎ Lán huílai le, kěshì Bǎoyù què
傍晚的时候，贾兰回来了，可是宝玉却

bújiàn le. Jiǎ Lán shuō Bǎoyù zài zǒuchū kǎochǎng de shíhou
不见了。贾兰说宝玉在走出考场的时候

zǒudiū le. Wáng fūrén shífēn bēitòng, yíxiàzi dǎo zàile
走丢了。王夫人十分悲痛，一下子倒在了

chuáng shang.
床上。

　　Jiǎ Lán kàn Wáng fūrén dǎoxià le, xià de shuō zìjǐ
　　贾兰看王夫人倒下了，吓得说自己

zài chūmén zhǎozhao. Wáng fūrén kū de yí jù huà yě shuō
再出门找找。王夫人哭得一句话也说

bù chūlai, Bǎoyù de yāhuan Xírén yě kū de sǐqù-huólái,
不出来，宝玉的丫环袭人也哭得死去活来，

zhǐyǒu Bǎochāi zhīdao Bǎoyù de xīnsi. Jiǎ Fǔ zhòngrén yìzhí
只有宝钗知道宝玉的心思。贾府众人一直

dōu zài xúnzhǎo Bǎoyù, kěshì Bǎoyù yìzhí méiyǒu zhǎo
都在寻找宝玉，可是宝玉一直没有找

①胡闹 v. be mischievous;
make trouble; act wildly
e.g. 小孩子胡闹，别跟
他一般见识。

huílai .
回来。

　　Guòle hǎo duō tiān , 　bàoxǐ　de rén láidào Jiǎ Fǔ zhōng ,
过了 好 多 天, 报喜①的人来到贾府 中,

shuō Bǎoyù zhòngle　dì-qī míng jǔrén , 　Jiǎ Lán zhòngle dì-
说宝玉中了第七 名举人, 贾兰中了第

yìbǎi　sānshí míng . 　Kěshì Bǎoyù hái méiyǒu zhǎodào , 　Jiǎ Fǔ
一百三十名。可是宝玉还没有找到, 贾府

zhòngrén yě gāoxìng bù　qǐlái .
众人也高兴不起来。

　　Jiǎ Zhèng dàole Jīnlíng , 　ānzàngle lǎotàitai , 　shōudào
贾 政 到了金陵, 安葬了老太太, 收到

jiā zhōng shūxìn shuō Bǎoyù 、Jiǎ Lán zhòngjǔ le , 　xīnli hěn
家中书信说宝玉、贾兰中举了, 心里很

gāoxìng , 　děng kàndào Bǎoyù zǒudiū le , 　xīn zhōng yòu
高兴, 等 看到宝玉走丢了, 心 中 又

fánnǎo . Jiǎ Zhèng yòu gāoxìng , 　yòu fánnǎo , 　zhǐ xiǎngzhe
烦恼。贾 政 又高兴, 又烦恼, 只想着

kuàidiǎn huí jiā .
快点回家。

　　Bànlù shang , 　xiàle dà xuě , 　Jiǎ Zhèng zuò de chuán
半路上, 下了大雪, 贾 政 坐的船

tíng zàile　àn biān . Jiǎ Zhèng zhèngzài chuán zhōng xiě　jiāshū ,
停在了岸边。贾 政 正在 船 中写家书,

táitóu kàndào yí gè rén zhàn zài chuántóu , 　guāngzhe tóu hé
抬头看到一个人站在船头, 光 着头和

jiǎo , 　pīzhe dàhóng de dǒupeng , 　xiàng tā bàile sì bài .
脚, 披着大红的斗篷②, 向 他拜了四拜。

Jiǎ Zhèng chūlai yí kàn , 　yuánlái shì Bǎoyù . Jiǎ Zhèng
贾 政 出来一看, 原来是宝玉。贾 政

dàchī-yìjīng , 　mángwèn : " Shì Bǎoyù ma ? 　" Nà rén méiyǒu
大吃一惊, 忙 问:"是宝玉吗?" 那人没有

huídá . Jiǎ Zhèng yòu wèn : " Nǐ rúguǒ shì Bǎoyù , 　wèi
回答。贾 政 又问:"你如果是宝玉, 为

①报喜 v. announce good
news; report success
e.g. 人们传说喜鹊可以
报喜。
②斗篷 n. sleeveless
cloak; cape
e.g. 我买了一件黑色的
斗篷。

shénme dǎban chéng zhè gè yàngzi，pǎodào zhèlǐ？" Bǎoyù
什么打扮成这个样子，跑到这里？"宝玉
hái méi shuōhuà，àn shang yí gè héshang hé yí gè dàoshi
还没说话，岸上一个和尚和一个道士
guòlai，yì biān yí gè jiāzhù Bǎoyù，shuō："Súyuán yǐjīng
过来，一边一个夹住宝玉，说："俗缘已经
jìn le，hái bú kuài zǒu？" Shuōzhe，sān gè rén jiù
尽了，还不快走？"说着，三个人就
shàng'àn zǒu le．
上岸走了。

Jiǎ Zhèng gǎnjǐn qù zhuī，dàn nà sān gè rén hǎoxiàng fēi
贾政赶紧去追，但那三个人好像飞
yíyàng，gēnběn zhuībushàng．Zhuànguò yí gè xiǎo shānpō，
一样，根本追不上。转过一个小山坡，
nà sān gè rén jiù bújiàn le．Zhè shí Jiǎ Zhèng de púrén yě
那三个人就不见了。这时贾政的仆人也
gǎnlái le，Jiǎ Zhèng wèn tā："Nǐ kànjiàn nà sān gè rén le
赶来了，贾政问他："你看见那三个人了
ma？" Púrén huídá："Kànjiàn le，wǒ kànjiàn lǎoye zài
吗？"仆人回答："看见了，我看见老爷在
zhuī tāmen，suǒyǐ wǒ yě lái zhuī．Hòulái zhǐ kànjiàn lǎoye，
追他们，所以我也来追。后来只看见老爷，
kànbudào nà sān gè rén le．" Jiǎ Zhèng hái xiǎng qù zhuī，
看不到那三个人了。"贾政还想去追，
dàn qiánmiàn báimángmáng yípiàn，yí gè rényǐng yě méiyǒu，
但前面白茫茫一片，一个人影也没有，
bù zhīdao yīnggāi wǎng nǎ gè fāngxiàng qù zhuī．Jiǎ Zhèng
不知道应该往哪个方向去追。贾政
méiyǒu bànfǎ，zhǐhǎo huí jiā．Cóng cǐ yǐhòu，jiù zài yě
没有办法，只好回家。从此以后，就再也
méiyǒu Bǎoyù de xiāoxi le．
没有宝玉的消息了。

Jǐ bǎi nián zhīhòu，yí wèi dàoshi jīngguò Qīnggěng Fēng，
几百年之后，一位道士经过青埂峰，

kànjiàn yí kuài shítou ， zhè kuài shítou shang kèzhe Jiǎ Bǎoyù
看见一块石头，这块石头上刻着贾宝玉

zài rénjiān de jīnglì hé gùshi . Dàoshi juéde zhèxiē gùshi
在人间的经历和故事。道士觉得这些故事

hěn yǒu yìsi ， jiù bǎ gùshi chāole xiàlai ， qǔmíng jiào
很有意思，就把故事抄了下来，取名叫

《 Shítou Jì 》. Chuánshuō zhè wèi dàoshi bǎ 《 Shítou Jì 》
《石头记》。传说这位道士把《石头记》

gěile Cáo Xuěqín ， Cáo Xuěqín yòu duì xiǎoshuō jìnxíngle
给了曹雪芹，曹雪芹又对小说进行了

xiūgǎi ， xiěchéngle Zhōngguó zhùmíng de gǔdiǎn xiǎoshuō
修改，写成了中国著名的古典①小说

《 Hónglóumèng 》.
《红楼梦》。

①古典 *adj.* classical
e.g. 她是个古典美女。

一、词语注释 Notes

1. 前世 previous life

（迷信）指人生的前一辈子。在故事中，宝玉在梦中知道了他的前世是神瑛侍者，林黛玉的前世是绛珠仙草，他们俩在前世就认识彼此。

One's previous existence or life in superstitious belief. In the story, Baoyu is informed in a dream that he was the celestial immortal named Shenying Shizhe, and Daiyu was the celestial grass. In their previous existence in heaven, they knew each other.

2. 一子出家，七祖升天 a devoted monk will help his ancestors to rise to heaven

家中的一个儿子出家做和尚，那么这家的七代祖先可以升天。这是宝玉在精神恍惚时对家人讲的话。这句话似乎暗指宝玉早就看穿了尘世，准备出家了。

If one man of a family becomes a Buddhist monk, the souls of seven generations of his ancestors will be able to rise to heaven: Jia Baoyu （贾宝玉） says this to his family when he seems to be in a state of delirium. It serves as an allusion. Baoyu has already seen through the secular world and decides to leave for the monastery.

3. 乡试 provincial-level imperial civil exam

明朝和清朝每三年在省城举行的考试。考中者为举人，可以担任官职。举人还可参加第二年在京城举行的会试。古时候，参加这种考试是平民子弟唯一可以改变身份担任官职的途径。

Provincial examination hosted to select officials under the Ming and Qing civil service examination system. This was the examination for the selection of *juren* (举人, successful candidates at the provincial level). *Juren* could take part in the Metropolitan Examination which was held in the capital the next year. In old times, taking the examination was the only way for ordinary people to seek an official career.

4. 贾兰 Jia Lan

贾珠和李纨的独生子，宝玉的侄子。

The only son of Jia Zhu and Li Wan, Baoyu's nephew.

5. 举人 *juren*

明清时期参加省城乡试并通过考试的人。

A successful candidate who passed in the imperial civil examination at the provincial level in the Ming and Qing dynasties.

二、思考题 Reading Comprehension Questions

1. 谁送来了贾宝玉的通灵宝玉？
2. 宝玉在梦中知道了什么？
3. 贾政在回家的时候，在船上看到了谁？
4. 宝玉可能去哪儿了？为什么？

责任编辑：刘小琳
英文编辑：张　乐
英文审定：黄长奇　James Hutchison
封面设计：王新乐
封面绘图：硕果儿

图书在版编目（CIP）数据

红楼梦 / （清）曹雪芹原著 ；史迹，邵秋霞主编 ；陈恺熙等编 . —北京 ：华语教学出版社，2019
（中国名著简读系列）
ISBN 978-7-5138-1607-6

Ⅰ．①红… Ⅱ．①曹… ②史… ③邵… ④陈… Ⅲ．①汉语－对外汉语教学－语言读物 Ⅳ．① H195.5

中国版本图书馆 CIP 数据核字（2018）第 169980 号

红楼梦

【清】曹雪芹　原著
史　迹　邵秋霞　主编
*
© 华语教学出版社有限责任公司
华语教学出版社有限责任公司出版
（中国北京百万庄大街 24 号 邮政编码 100037）
电话 :(86)10-68320585, 68997826
传真 :(86)10-68997826, 68326333
网址 :www.sinolingua.com.cn
电子信箱 :hyjx@sinolingua.com.cn
望都天宇星书刊印刷有限公司印刷
2019 年（32 开）第 1 版
2025 年第 1 版第 5 次印刷
（汉英）
ISBN 978-7-5138-1607-6
004900